金治《かなじ》直美《なおみ》 文《ぶん》

私《わたし》が今日《きょう》も、泳《およ》ぐ理《り》由《ゆう》

パラスイマー
一《いち》ノ《の》瀬《せ》 メイ

Gakken

初《はじ》めて水《みず》と遊《あそ》んだのは一歳半《さいはん》のころ。
こわがらずにプールでぷかぷか。(1998年《ねん》)

小《ちい》さなスイマー

生《う》まれつき右《みぎ》ひじから先《さき》がない、
一ノ瀬《いちのせ》メイ選手《せんしゅ》。好奇心《こうきしん》いっぱいで、
子《こ》どものころから、おどるの大好《だいす》き、
鉄棒大好《てつぼうだいす》き、かけっこ大好《だいす》き。
でも水泳《すいえい》が、いちばん好《す》き。

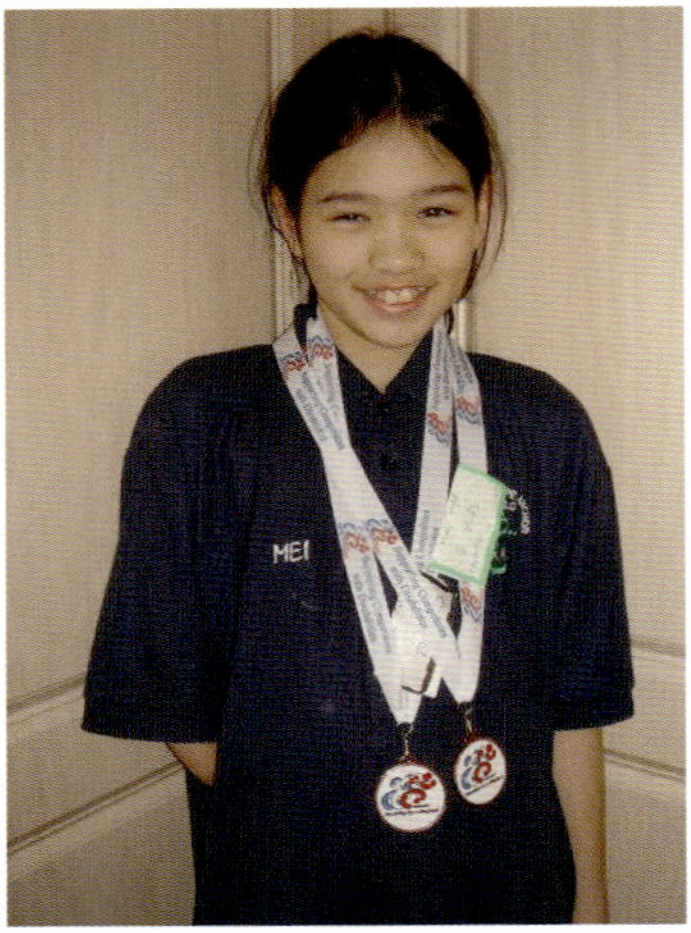

小学校《しょうがっこう》五年生《ねんせい》、イギリス留学中《りゅうがくちゅう》にブリティッシュジュニアチャンピオンシップに出場《しゅつじょう》。2種目《しゅもく》で銅《どう》！メダルを胸《むね》に笑顔満開《えがおまんかい》。(2007年《ねん》)

水泳《すいえい》で速《はや》さを競《きそ》う「競泳《きょうえい》」を始《はじ》めたのは、小学校《しょうがっこう》二年生《ねんせい》のころ。京都《きょうと》の水泳大会《すいえいたいかい》に初出場《はつしゅつじょう》で緊張気味《きんちょうぎみ》のようす。(2004年《ねん》、全京都障害者総合《ぜんきょうとしょうがいしゃそうごう》スポーツ大会水泳大会《たいかいすいえいたいかい》)

保育園《ほいくえん》のころから始《はじ》めたクラシックバレエ。中学《ちゅうがく》二年生《ねんせい》までは、週《しゅう》三回《かい》レッスンに通《かよ》っていました。(2008年《ねん》、中川三枝子《なかがわみえこ》バレエ研究所発表会《けんきゅうしょはっぴょうかい》)

小学校《しょうがっこう》四年生《ねんせい》の九月《がつ》から一年間《ねんかん》、母《はは》と二人《ふたり》、祖母《そぼ》のくらすイギリス・スカンソープで過《す》ごしました。仲《なか》よしの友《とも》だちといっしょに。(右《みぎ》から2人目《ふたりめ》。2007年《ねん》)

鉄棒《てつぼう》は、保育園《ほいくえん》のころから、逆上《さかあ》がりも連続回転《れんぞくかいてん》もできました。(2006年《ねん》)

高校《こうこう》二年《ねん》、アジアの14〜19歳《さい》の選手《せんしゅ》が競《きそ》うユースパラ競技大会《きょうぎたいかい》では、100m自由形《じゆうがた》で、1分《ぷん》9秒《びょう》16と自己《じこ》ベストを上回《うわまわ》り、優勝《ゆうしょう》。(写真中央。2013年《ねん》、マレーシア)

夢《ゆめ》は世《せ》界《かい》ではばたくこと

初《はじ》めて、日本代表《だいひょう》として国際大会《こくさいたいかい》に出場《しゅつじょう》したのは、中学《ちゅうがく》二年生《ねんせい》のとき。世界各国《せかいかっこく》から参加《さんか》した障害者《しょうがいしゃ》アスリートの先輩《せんぱい》・仲間《なかま》たちとの出会《であ》いが大《おお》きな刺激《しげき》となり、メイ選手《せんしゅ》の夢《ゆめ》は世界《せかい》へと向《む》けられた。

中学《ちゅうがく》二年《ねん》6月《がつ》、ドイツで開《ひら》かれた国際大会《こくさいたいかい》に出場《しゅつじょう》。この年《とし》の12月《がつ》、ついに日本代表《だいひょう》としてアジアパラ競《きょう》技大会《ぎたいかい》に出場《しゅつじょう》しました。(2010年《ねん》)

高校《こうこう》三年《ねん》のとき、全国高等学校英語《ぜんこくこうとうがっこうえいご》スピーチコンテストで、「障害《しょうがい》って何《なに》？」というテーマでスピーチをして、全国優勝《ぜんこくゆうしょう》しました。(2015年《ねん》)

実家《じっか》をはなれて初《はじ》めての一人《ひとり》ぐらし。寮《りょう》と大学《だいがく》への行《い》き来《き》は自転車《じてんしゃ》で通《かよ》います。

大学《だいがく》に入学《にゅうがく》して、水上競技部《すいじょうきょうぎぶ》に入部《にゅうぶ》。練習《れんしゅう》は週《しゅう》に10回《かい》と、高校時代《こうこうじだい》に比《くら》べると想像以上《そうぞういじょう》にハードだけれど、同《おな》じ学年《がくねん》の部員《ぶいん》たちとはげましあいながら、がんばる毎日《まいにち》。

刺激《しげき》しあえる
仲間《なかま》とともにがんばる

力《ちから》を出《だ》しきった練習《れんしゅう》の後《あと》は、水上競技部《すいじょうきょうぎぶ》の仲間《なかま》と笑顔《えがお》で「はい、チーズ！」（前列左《ぜんれつひだり》から３人目《にんめ》。2016年《ねん》）

リオデジャネイロオリンピック・パラリンピックの壮行会《そうこうかい》。たくさんの仲間《なかま》がかけつけてくれました。（手前中央《てまえちゅうおう》、後《うし》ろ姿《すがた》。）

水上競技部《すいじょうきょうぎぶ》の監督《かんとく》は、アテネ五輪《ごりん》200mバタフライ銀《ぎん》メダリストの山本貴司《やまもとたかし》さん。きびしいけれど、アドバイスも適確《てきかく》です。

練習用具《れんしゅうようぐ》をつけ、負荷《ふか》を強《つよ》くして泳《およ》ぐのも、トレーニングのひとつ。

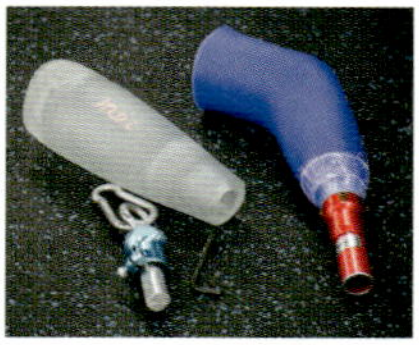

トレーニングに使《つか》う義手《ぎしゅ》。機能性《きのうせい》を重視《じゅうし》したものをつくってもらいました。

義手《ぎしゅ》をつけてのマシーントレーニングで、右肩《みぎかた》、右腕《みぎうで》の筋肉強化《きんりょくきょうか》も図《はか》ります。

メイ選手《せんしゅ》は、力強《ちからづよ》く前《まえ》へと進《すす》みます。200m個人《こじん》メドレーSM《エスエム》9の試合《しあい》にて。
（2016年《ねん》、春期《しゅんき》静岡水泳《しずおかすいえい》記録会《きろくかい》）

泳《およ》ぐの好《す》きやもん！

「勝《か》って楽《たの》しい試合《しあい》をしたい！」
みんなが遊《あそ》んでいるときも、練習練習《れんしゅうれんしゅう》。
つらいときもあるけれど、これを乗《の》りきったからこそ
大会《たいかい》で勝《か》ったときの喜《よろこ》びは大《おお》きい。

リオデジャネイロパラリンピックの選考会《せんこうかい》で、自身《じしん》のもつ200m個《こ》人《じん》メドレー日本記録《きろく》を4秒《びょう》16ちぢめました。（2016年《ねん》）

大学《だいがく》のプールのかべにかかるのは、部《ぶ》の監督《かんとく》のことば。（勝たなきゃ、おもしろくない！）

個人《こじん》メドレーSM《エスエム》9での背泳《せおよ》ぎ。その後《ご》も力泳《りきえい》し、みごとリオへの切符《きっぷ》をつかみました。（2016年《ねん》）

一ノ瀬《いちのせ》メイ選手《せんしゅ》の願《ねが》いは、
障害《しょうがい》に対《たい》する社会《しゃかい》の考《かんが》え方《かた》を
変《か》えていくこと。

泳《およ》ぐこと――
それが私《わたし》からの
発信《はっしん》

私《わたし》が今日《きょう》も、泳《およ》ぐ理由《りゆう》

パラスイマー　一ノ瀬《いちのせ》メイ

目《もく》次《じ》

コラム

※この本《ほん》では、「障害者《しょうがいしゃ》」と漢字表記《かんじひょうき》をしています。「障《しょう》がい者《しゃ》」というひらがなを使用《しよう》した表記《ひょうき》でも解決《かいけつ》されない問題《もんだい》があること、また、障害者《しょうがいしゃ》にとっては、「まわりの環境《かんきょう》、社会《しゃかい》が障害《しょうがい》」となるという考《かんが》え方《かた》から、一ノ瀬《いちのせ》メイさん、また編集部《へんしゅうぶ》の意図《いと》により、そのような表記《ひょうき》にしています。

プロローグ

二〇〇六年《ねん》六月《がつ》。兵庫県神戸市《ひょうごけんこうべし》の水泳競技場《すいえいきょうぎじょう》に、次々《つぎつぎ》にバスや車《くるま》が到着《とうちゃく》しました。水泳選手《すいえいせんしゅ》やそのおうえん団《だん》を乗《の》せています。

よく見《み》ると、選手《せんしゅ》はみな、片腕《かたうで》がなかったり、両腕《りょううで》ともなかったり、また義足《ぎそく》で歩《ある》いていたり、車《くるま》いすに乗《の》っていたり。がっちりとした筋肉《きんにく》がある人《ひと》もいれば、手《て》や足《あし》が細《ほそ》い人《ひと》もいます。

若《わか》い人《ひと》もいれば、中年《ちゅうねん》の人《ひと》や、小学生《しょうがくせい》、中学生《ちゅうがくせい》もいます。

この日《ひ》は、第《だい》十七回《かい》「近畿身体障害者水泳選手権大会《きんきしんたいしょうがいしゃすいえいせんしゅけんたいかい》」でした。

一人《ひとり》の少女《しょうじょ》が、母《はは》といっしょに、緊張《きんちょう》にほほをそめてロビーに入《はい》っていきました。

「だいじょうぶよ、いつもどおりに泳《およ》げば。」

「リラックス！」

母《はは》が、彼女《かのじょ》にほほえみかけます。

彼女《かのじょ》は左手《ひだりて》で、右《みぎ》ひじの先《さき》をにぎりました。

彼女《かのじょ》は、生《う》まれたときから右《みぎ》ひじの先《さき》がありません。それでも一歳半《さいはん》のときからプールに通《かよ》い、泳《およ》ぎ方《かた》を次々《つぎつぎ》にマスター、ついに初《はじ》めて、この大会《たいかい》に出場《しゅつじょう》することになりました。

障害者《しょうがいしゃ》の水泳大会《すいえいたいかい》は、障害《しょうがい》の程度《ていど》によって細《こま》かくクラス分《わ》けされていて、彼女《かのじょ》はS《エス》9というクラスでした。S《エス》は水泳《すいえい》のこと、9は身体《からだ》の機能《きのう》についての障害《しょうがい》で、片腕《かたうで》がなかったり、片足《かたあし》が動《うご》かなかったりする人《ひと》たちのクラスです。また、障害《しょうがい》者《しゃ》の大会《たいかい》は、年齢《ねんれい》に制限《せいげん》はなく、大人《おとな》も子《こ》どももいっしょに競技《きょうぎ》します。

彼女《かのじょ》は九歳《さい》で、まだ小学校《しょうがっこう》四年生《ねんせい》ですが、大人《おとな》の女性《じょせい》たちにまじって競《きそ》うことになりました。

出場《しゅつじょう》したのは、二五メートル背泳《せおよ》ぎと、五〇メートル自由形《じゆうがた》の二種目《しゅもく》です。

どちらの種目《しゅもく》も、一番《ばん》でゴールしたのは、彼女《かのじょ》でした。

「やったーっ！」

「すごいすごい！」

小《ちい》さな少女《しょうじょ》の活躍《かつやく》に、母《はは》や友《とも》だちだけでなく、観客《かんきゃく》たちみんなが盛大《せいだい》な拍手《はくしゅ》を送《おく》りました。

彼女《かのじょ》が一ノ瀬《いちのせ》メイ選手《せんしゅ》。のちの、二〇一六年《ねん》リオデジャネイロパラリンピック日本代表《だいひょう》となるアスリートです。

第《だい》1章《しょう》

片手《かたて》がなくても歩《ある》いていける

一ノ瀬《いちのせ》メイさんは、平成《へいせい》九年《ねん》（一九九七年《ねん》）三月《がつ》十七日《にち》、京都市《きょうとし》で生《う》まれました。母《はは》の一ノ瀬《いちのせ》トシ美《み》さん、父《ちち》のアンドリュー・グレアム・トッドさんとのあいだの一人《ひとり》っ子《こ》でした。

トシ美《み》さんと、イギリス人《じん》のグレアムさんは、二人《ふたり》が働《はたら》いていた台湾《たいわん》で知《し》りあい、結婚《けっこん》して日本にやってきました。

メイ誕生《たんじょう》の五か月前《げつまえ》のことです。トシ美《み》さんは、病院《びょういん》に検診《けんしん》に行《い》き、胎児《たいじ》のエ*コー検査《けんさ》の画像《がぞう》の前《まえ》で、こう告《つ》げられました。

*エコー検査《けんさ》……超音波《ちょうおんぱ》による画像検査《がぞうけんさ》。

「おなかの赤《あか》ちゃんに、片手《かたて》が見当《みあ》たりません。」

「えっ！　片手《かたて》が？　それって一生《いっしょう》そのままなんですか？」

「はい、おそらくこのまま……。」

病院《びょういん》からの帰《かえ》り道《みち》、トシ美《み》さんの目《め》になみだがあふれました。気《き》がつくと、行《い》きかう子《こ》どもたちの手《て》を目《め》で追《お》っています。

（みんな、左右両方《さゆうりょうほう》の手《て》があるのに。なんでうちの子《こ》だけ……。）

帰宅《きたく》したグレアムさんは、うなだれてなみだにくれているトシ美《み》さんを目《め》にするなり、トシ美《み》さんの肩《かた》をだき、いいました。

「だいじょうぶ、片手《かたて》がなくても足《あし》がある。どこへでも歩《ある》いていけるじゃないか。」

トシ美《み》さんはぬれた目《め》で、はっと、グレアムさんを見上《みあ》げました。

「そう……そうね！　そのとおりだわ。」

その後《ご》の検診《けんしん》のエコー検査《けんさ》では、正常《せいじょう》に映《うつ》っていたときもあり、手《て》については今ひとつはっきりとしないまま、トシ美《み》さんは出産《しゅっさん》の日《ひ》をむかえました。

生《う》まれてきた女《おんな》の子《こ》は、右《みぎ》ひじから先《さき》がありませんでした。「先天性《せんてんせい》の右前腕《みぎぜんわん》欠損症《けっそんしょう》」という状態《じょうたい》でした。

病院側《びょういんがわ》は、両親《りょうしん》がショックを受《う》けるだろうと、すぐには赤《あか》ちゃんを見《み》せませんでした。

しばらく待《ま》たされたのち、トシ美《み》さんとグレアムさんのもとに、ようやく、赤《あか》ちゃんが連《つ》れてこられました。ベビー服《ふく》の右《みぎ》そでの中《なか》は、ひじ関節《かんせつ》のほんの少《すこ》し先《さき》までしかない細《ほそ》い腕《うで》。先《せん》たんには、小《ちい》さな指《ゆび》のような五つの突起《とっき》があります。

「おお、やっぱり……。」

「そうだったのね。」

この片腕《かたうで》の短《みじか》い子《こ》こそ、うちの娘《むすめ》。二人《ふたり》は、静《しず》かにうなずきました。

トシ美《み》さんは、赤《あか》ちゃんの髪《かみ》に目《め》をとめました。みごとな黒髪《くろかみ》です。

「あら！　グレアムに似《に》て、薄茶色《うすちゃいろ》の髪《かみ》になるかと思《おも》ったら。」

「うん、黒髪《くろかみ》だね。」

腕《うで》ではなく髪《かみ》の色《いろ》に驚《おどろ》く両親《りょうしん》に、看護師《かんごし》さんが目《め》を丸《まる》くしていました。

名前《なまえ》は「メイ」と決《き》めました。メイは、中国語《ちゅうごくご》で「梅《うめ》」のことです。両親《りょうしん》が、世界中《せかいじゅう》のどんな国《くに》の人《ひと》でもよびやすく、また日本語《にほんご》のカタカナ表記《ひょうき》でも、ローマ字《じ》でも英語《えいご》でも書《か》きやすい名前《なまえ》として、考《かんが》えぬいた名前《なまえ》でした。

両親《りょうしん》は話《はな》し合《あ》い、「障害《しょうがい》をかくさない」という方針《ほうしん》でメイを育《そだ》てることにしました。

服《ふく》の右《みぎ》そでは、メイの右腕《みぎうで》の長《なが》さに合《あ》わせて切《き》り、ひじの先《さき》が自由《じゆう》に使《つか》えるようにしました。


メイが水《みず》と出会《であ》ったのは、一歳半《さいはん》のころでした。家《いえ》の近《ちか》くの、京都市障害者《きょうとししょうがいしゃ》スポーツセンターのプールへ、両親《りょうしん》が連《つ》れていってくれたのです。

そのころは、三〇センチメートルほどの深《ふか》さの、赤《あか》ちゃん用《よう》プールで水遊《みずあそ》びをするだけでしたが、すぐに深《ふか》いプールにもなれていきました。四歳《さい》のときの親子《おやこ》

母《はは》のトシ美《み》さんとプールに入《はい》ってごきげんの、1歳《さい》のメイ。すぐに水《みず》と仲《なか》よくなれました。(1998年《ねん》)

スイミング教室《きょうしつ》では、こわがることなく水《みず》にもぐることができました。

「メイは水《みず》が好《す》きねえ。」

トシ美《み》さんは、ごきげんで水《みず》にもぐるメイに、にっこりとほほえみました。

高《たか》いところでもへっちゃら。
こわがらずにどんどん上《のぼ》ります。(1999年《ねん》)

第《だい》2章《しょう》

メイにもできる！

メイは、生後《せいご》七か月《げつ》ごろから保育園《ほいくえん》に通《かよ》いはじめ、元気《げんき》いっぱいに育《そだ》っていきました。メイを特別《とくべつ》あつかいすることなく受《う》けいれる保育園《ほいくえん》でした。

しかし、小《ちい》さな子《こ》どもたちは、メイの右腕《みぎうで》を興味《きょうみ》しんしんでながめます。

「どうしてお手《て》て短《みじか》いの？」

メイは、泣《な》いたりおこったり、にげだしたりなんて、しません。

「これはな、メイがマミーのおなかの中《なか》にいるときに、ライオンにかまれたんやで。」

「生《う》まれつき」と答《こた》えると、次《つぎ》は「生《う》まれつきってなあに？」ときかれ、なかなかわかってもらえないので、メイはいつも自分《じぶん》で考《かんが》えついたこの話《はなし》で切《き》りぬけていました。

「えーっ？」

子《こ》どもたちは笑《わら》いながら首《くび》をかしげ、それ以上《いじょう》のことはきいてきません。

トシ美《み》さんや保育士《ほいくし》たちは、メイが自分《じぶん》の身《み》のまわりのことを、どのくらいできるようになるか、ひそかに気《き》をもんでいました。まわりの子《こ》どもたちは、年齢《ねんれい》が上《あ》がるにつれて、どんどん自分《じぶん》のことを自分《じぶん》でするようになっていきます。

メイは一人《ひとり》でトイレができるようになるだろうか？　パンツを上《あ》げられるだろうか？　着《き》がえは？　ボタンかけは？　なわとびや自転車乗《じてんしゃの》りはいくらなんでも、無理《むり》やろか――？

保育士《ほいくし》たちは、メイをいつもはげましました。

「メイちゃんならできる！」

「うん！　メイ、できるよ。」

そのことばどおり、大人《おとな》たちがふと気《き》がつくと、

「できた！」

メイはほかの子《こ》と同《おな》じように、なんでも一人《ひとり》でできるようになっていました。トイレも着《き》がえもボタンかけも。メイのひじの先《さき》は、とても器用《きよう》に動《うご》くのです。はしやクレヨン、鉛筆《えんぴつ》を持《も》つのは左手《ひだりて》です。メイにとって、みんなと同《おな》じことができるのは、あたりまえのことでした。

四歳《さい》のころには、なわとびもできるようになりました。なわは、仲《なか》よしの先生《せんせい》といっしょに、自分用《じぶんよう》のものをつくりました。そのなわを右《みぎ》ひじではさむと、うまく飛《と》べるようになりました。

鉄棒《てつぼう》の逆上《さかあ》がりだってできます。右《みぎ》ひじで鉄棒《てつぼう》をはさみ、左手《ひだりて》で鉄棒《てつぼう》をにぎり、その左《ひだり》ひじを右《みぎ》ひじの高《たか》さまで曲《ま》げるという姿勢《しせい》で、なんと六回連続《かいれんぞく》して、くるくるくるっと回《まわ》れるようになりました。

「メイちゃん、すごーい！」

「えへへ、すごいやろ。」

また、音楽《おんがく》に合《あ》わせておどることも大好《だいす》きで、四歳《さい》から、保育園《ほいくえん》で仲《なか》よしの友《とも》だちが通《かよ》っていたバレエ教室《きょうしつ》に、入《はい》ることにしました。バレエ教室《きょうしつ》の先生《せんせい》は、メイの右腕《みぎうで》を見《み》ても、「だいじょうぶ、だいじょうぶ！　いっしょにやりましょう」とすぐに入室《にゅうしつ》させてくれました。バレエのレッスンは、メイの体《からだ》の左右《さゆう》のバランスを整《ととの》えるのにも役立《やくだ》ちました。

しかし、難関《なんかん》は自転車《じてんしゃ》でした。この保育園《ほいくえん》は、のびのびとした保育方針《ほいくほうしん》をとっていて、卒園遠足《そつえんえんそく》は、サイクリングでした。京都府立植物園《きょうとふりつしょくぶつえん》までの五キロほどの道《みち》のりを、しかも一般道《いっぱんどう》の歩道《ほどう》を、保育士《ほいくし》たちに囲《かこ》まれて、園児《えんじ》が自転車《じてんしゃ》で走《はし》るのです。

それも、補助輪《ほじょりん》なしで走《はし》るという決《き》まりでした。補助輪付《ほじょりんつ》きで乗《の》っていた子《こ》たちは、遠足《えんそく》までに補助輪《ほじょりん》をはずす練習《れんしゅう》をしなければなりません。

「乗《の》れない子《こ》は連《つ》れていかないよ！」

保育士《ほいくし》たちが、子《こ》どもたちにハッパ*をかけます。遠足《えんそく》までの二週間《しゅうかん》のあいだ、子《こ》どもたちは毎日園庭《まいにちえんてい》で練習《れんしゅう》しました。

実際《じっさい》には、乗《の》れない子《こ》が連《つ》れていってもらえないことはなく、先生《せんせい》が後《うし》ろからサドルを棒《ぼう》でささえながら、かけ足《あし》でついてきてくれるのですが、そのことは最《さい》後《ご》までないしょでした。

メイは、補助輪《ほじょりん》付《つ》きでしか、乗《の》れませんでした。右《みぎ》ひじはハンドルにようやく届《とど》くだけなので、左手《ひだりて》だけでハンドルやブレーキ操作《そうさ》をしなくてはならず、バランスがとりにくいのです。

「メイちゃんならできる！」

保育士《ほいくし》たちのはげましに、メイはがんばりました。

「うん、メイもできる！　いっしょに遠足《えんそく》に行《い》くもん。補助輪《ほじょりん》とって、ガラガラ音《おと》たてないで、すいすいーって走《はし》る！」

保育園《ほいくえん》の卒園遠足《そつえんえんそく》。練習《れんしゅう》のかいがあって、自転車《じてんしゃ》も補助輪《ほじょりん》なしですいすい乗《の》れるようになりました。(2002年《ねん》)

メイには、自転車《じてんしゃ》の練習《れんしゅう》は楽《たの》しいものでした。何度《なんど》も転《ころ》びましたが、けがをすることもなく、メイはすぐに立《た》ちあがりました。

ある日《ひ》、ペダルをふみこむと、

「あれっ?」

するするーっと、自転車《じてんしゃ》がまっすぐにすべりだしたではありませんか。

「できた!　乗《の》れた!」

保育士《ほいくし》も、まわりの園児《えんじ》たちも、大《おお》きな拍手《はくしゅ》をしてくれました。

卒園遠足《そつえんえんそく》の日《ひ》。補助輪《ほじょりん》なしの自転車《じてんしゃ》をさっそうと乗《の》りこなす、メイたち二十四人《にん》の園児《えんじ》のすがたがありました。子《こ》どもたちは、植物園《しょくぶつえん》に向《む》かう北山通《きたやまどお》りの広《ひろ》い歩《ほ》道《どう》を一列《れつ》になって走《はし》りました。まだ浅《あさ》い春《はる》の風《かぜ》が、メイの笑顔《えがお》をなでていきました。

*ハッパ(はっぱ)をかける……強《つよ》いことばではげます、元気《げんき》づける。

母《はは》・トシ美《み》さんから ひと言《こと》

この子《こ》はギフトですよ

メイが赤《あか》ちゃんのころ、私《わたし》が実家《じっか》に帰省《きせい》したときに、中学校時代《ちゅうがっこうじだい》の先生《せんせい》に出会《であ》い、「このお子《こ》さんは、一ノ瀬《いちのせ》さんだからこそ、与《あた》えられたギフト（贈《おく》り物《もの》）。特別《とくべつ》なプレゼントをもらったのよ」と、いっていただきました。

そういう見方《みかた》もあるんだ、と心《こころ》が楽《らく》になりました。

この子《こ》は特別《とくべつ》な存在《そんざい》。だったら、この子《こ》でなくてはできないことを探《さが》してみよう。そう思《おも》うきっかけにもなりました。

そもそも子《こ》どもはどの子《こ》もみんな、「ギフト」ですけどね。

イギリスで過《す》ごした2歳《さい》の夏《なつ》。元気《げんき》にトランポリン。（1999年《ねん》）

第《だい》3章《しょう》

水泳《すいえい》が守《まも》ってくれる

メイは小学校《しょうがっこう》一年生《ねんせい》になりました。保育園時代《ほいくえんじだい》にほかの子《こ》と同《おな》じように、なんでもできたことが自信《じしん》となり、メイも両親《りょうしん》も、不安《ふあん》に思《おも》うことはありませんでした。実際《じっさい》に、学校《がっこう》でも困《こま》ったことはありません。

先生《せんせい》や同級生《どうきゅうせい》が、だいじょうぶかな？　という顔《かお》をしても、

「私《わたし》、なんでもできる！」

と笑顔《えがお》で答《こた》えました。

そのとおり、給食当番《きゅうしょくとうばん》や掃除当番《そうじとうばん》も、問題《もんだい》なくこなしました。左手《ひだりて》と右《みぎ》ひじの

体育《たいいく》は、おまかせ！　運動会《うんどうかい》のリレーでも大活躍《だいかつやく》。(2008年《ねん》)

先《さき》を使《つか》えば、たいていのことはできます。くつひもを結《むす》ぶこと、髪《かみ》を結《むす》ぶことも、できるようになりました。

得意《とくい》な科目《かもく》は体育《たいいく》。足《あし》が速《はや》く、短《たん》きょり走《そう》が大好《だいす》きでした。

でも、一番得意《いちばんとくい》なのは、やはり水泳《すいえい》でした。

京都市障害者《きょうとししょうがいしゃ》スポーツセンターには、一学期《がっき》に五回《かい》ずつ、放課後水泳《ほうかごすいえい》教室《きょうしつ》があり、メイは熱心《ねっしん》に通《かよ》いました。

水泳教室《すいえいきょうしつ》の日《ひ》は、学校《がっこう》から帰《かえ》っても家《いえ》に入《はい》らずに駐車場《ちゅうしゃじょう》に行《い》きます。

置《お》いてある自転車《じてんしゃ》のカゴに、プール用《よう》のバッグが入《はい》っています。母《はは》のトシ美《み》さんが仕事《しごと》に行《い》く前《まえ》に、用意《ようい》しておいてくれたものでした。それを取《と》りだして代《か》わりにランドセルを入《い》れ、スポーツセンターへ歩《ある》いていきました。

プール用《よう》のバッグにはいつも、「メイちゃん、今日《きょう》もお疲《つか》れさま」という母《はは》の手紙《てがみ》がそえられています。

（マミーもお仕事《しごと》、がんばってる。）

メイの家《いえ》では、マミー（お母《かあ》さん）、ダディ（お父《とう》さん）とよんでいるのです。手紙《てがみ》には、百円玉《えんだま》がセロハンテープで止《と》められていました。練習後《れんしゅうご》にジュースを買《か》うお金《かね》です。一時間《じかん》ほどみっちり泳《およ》いだ後《あと》の体《からだ》に、あまいジュースがしみわたりました。

学年《がくねん》が上《あ》がり体《からだ》が大《おお》きくなるにつれ、メイはどんどん泳《およ》ぎ方《かた》を覚《おぼ》え、スピードも上《あ》がってきました。クロール、平泳《ひらおよ》ぎ、背泳《せおよ》ぎ、そしてバタフライ。

毎週日曜日《まいしゅうにちようび》にも、障害者《しょうがいしゃ》スポーツセンターのプールに通《かよ》うようになりました。

幸《さいわ》い、プールには障害《しょうがい》のある人《ひと》のスイミングクラブがあり、パラリンピック競泳《きょうえい》選手《せんしゅ》の北村友里《きたむらゆり》さんが、メイにアドバイスをしてくれました。

片腕《かたうで》が短《みじか》いと、水《みず》をかく力《ちから》に左右《さゆう》で差《さ》が出《で》ます。すると、まっすぐに泳《およ》ぐのはむずかしくなります。けれども、幼《おさな》いころから泳《およ》いでいたメイは、まっすぐ泳《およ》ぐコツを自然《しぜん》に身《み》につけていきました。

そのほかにも、週三回《しゅうかい》、クラシックバレエのレッスンに通《かよ》っていました。

メイは好奇心《こうきしん》おうせいで、興味《きょうみ》がわくと、なんにでも挑戦《ちょうせん》します。週《しゅう》に一度《ど》はゴールボールという、視覚障害者《しかくしょうがいしゃ》のために考《かんが》えだされた球技《きゅうぎ》を楽《たの》しんでいました。目《め》の見《み》えるメイは、アイマスク(目《め》かくし)をしての参加《さんか》です。ピアノや、習字《しゅうじ》を習《なら》っていた時期《じき》もあります。メイの毎日《まいにち》は、楽《たの》しくいそがしく過《す》ぎていきました。

学校《がっこう》でも、よくしゃべり、よく笑《わら》うメイでしたが、それでも、腕《うで》のことをからかってくる同級生《どうきゅうせい》がいました。

「メイ、その腕《うで》、きしょい!」

こんなことをいってくるのは、いつも同《おな》じ男《おとこ》の子《こ》です。口《くち》ゲンカではメイにかなわないので、腕《うで》のことを「気色悪《きしょくわる》い」なんて持《も》ちだしてくるのです。

「うるっさい！　ほっといて。」

メイはもちろん反《はん》げきしますが、ある日《ひ》、あまりのしつこさに、泣《な》きながら校《こう》門《もん》を出《で》たこともありました。

（なんであんなやつに、こんなこと言《い》われなあかんねん！　くやし！）

けれども、水泳《すいえい》の授業《じゅぎょう》があると、クラス中《じゅう》が目《め》を見《み》はりました。だれよりも美《うつく》しく力強《ちからづよ》いフォームで、だれよりも速《はや》くゴールするのが、メイだったのです。

「メイちゃん、速《はや》い！」

「メイ、すげー。」

メイをからかっていた男《おとこ》の子《こ》も、ぽかんと口《くち》を開《あ》け、見《み》とれています。

先生《せんせい》に頼《たの》まれて、同級生《どうきゅうせい》たちに泳《およ》ぐコツを教《おし》えてあげることもありました。

「手《て》と足《あし》のタイミング、ずれてるで。そろえてみて。」

「バタ足《あし》、ひざ曲《ま》がってんで。ぴんとのばして。」

「メイちゃん、ありがとう！　わかってきたわ。」

小学校対抗《しょうがっこうたいこう》の水泳大会《すいえいたいかい》では、リレーのアンカーに選《えら》ばれたこともありました。

（水泳《すいえい》があれば、だれにもなめられへんわ。）

水泳《すいえい》が自分《じぶん》を守《まも》ってくれる――そう感《かん》じるメイでした。

夏休《なつやす》みに友《とも》だちとプールで記念撮影《きねんさつえい》。（右《みぎ》から2人目《ふたりめ》。2004年《ねん》）

第《だい》4章《しょう》

障《しょう》害《がい》者《しゃ》にされた……

「メイちゃん、パラリンピック*を目指《めざ》さへんか？」

小学校《しょうがっこう》三年生《ねんせい》の夏《なつ》のこと。いつものスポーツセンターで、そう声《こえ》をかけてくれた人《ひと》がいました。このセンターの職員《しょくいん》で、パラリンピックの競泳《きょうえい》日本代表監督《だいひょうかんとく》だった猪飼聡《いかいさとし》さんです。

「十三歳《さい》で今度《こんど》のアテネパラリンピックに出《で》る選手《せんしゅ》がいるんだよ。」

その選手《せんしゅ》とは、山田拓朗《やまだたくろう》さん。メイと同《おな》じく、片腕《かたうで》のひじから先《さき》がありません。

（そんな人《ひと》がいはるんや。すごいなあ。）

＊パラリンピック……四年《ねん》に一度《ど》、オリンピックと同《おな》じ開催地《かいさいち》で開《ひら》かれる「もう一《ひと》つの（パラレル）＋オリンピック」のこと。

メイは、ほうっと息《いき》をつきました。

「メイちゃん、今三年生《いまさんねんせい》か。二〇一〇年《ねん》には、広州《コワンチョウ》でアジアパラ競技大会《きょうぎたいかい》があるけど、そのときは十三歳《さい》やな。その次《つぎ》のパラリンピックのときは十五歳《さい》や。どう？　目指《めざ》してみたら。」

（パラリンピック！　日本だけじゃない、世界《せかい》へ出《で》ていくという道《みち》も開《ひら》けてくるんや！　やりたい！　世界《せかい》を見《み》てみたい！）

メイのひとみが、きらきらかがやきました。

それから一年《ねん》。スポーツセンターの

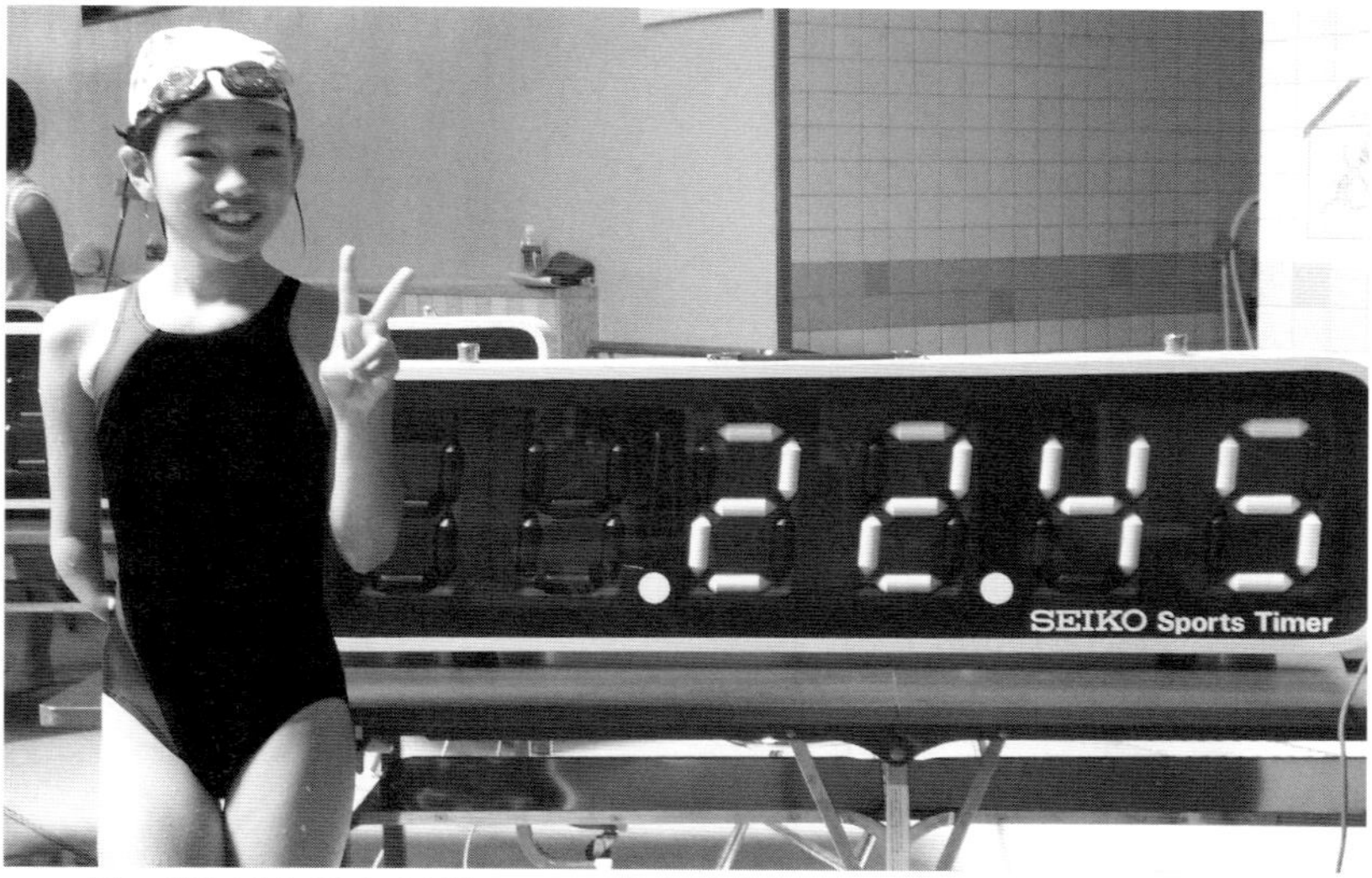

2006年《ねん》、全京都障害者総合《ぜんきょうとしょうがいしゃそうごう》スポーツ大会水泳大会《たいかいすいえいたいかい》で。パラリンピックの存在《そんざい》を知《し》ってから、初《はじ》めての大会《たいかい》。

何人《なんにん》もの職員《しょくいん》が、声《こえ》をかけてくれました。

「もしその気《き》があるなら、このセンターではなく、競泳《きょうえい》コースのあるスイミングスクールに入《はい》ったほうがええよ。」

この障害者《しょうがいしゃ》スポーツセンターで練習《れんしゅう》している水泳《すいえい》クラブはありますが、週《しゅう》に二回《かい》の練習《れんしゅう》のみで、ほかのスイミングスクールのような競泳《きょうえい》コースはありません。

メイはさっそく、トシ美《み》さんといっしょに大《おお》きなスイミングスクールに申《もう》しこみに行《い》きました。まず、夏休《なつやす》みの講習《こうしゅう》に参加《さんか》するつもりです。

「はい、それでは、こちらの申《もう》しこみ書《しょ》に……。」

受付《うけつけ》カウンターで説明《せつめい》していた職員《しょくいん》が、急《きゅう》に口《くち》をつぐみました。メイの右腕《みぎうで》に目《め》を注《そそ》いでいます。

「ちょっとお待《ま》ちくださいね。」

そういって事務室《じむしつ》へ消《き》え、なかなかもどってきません。すると、コーチらしい人《ひと》があらわれて、こんなことをいいました。

「障害者《しょうがいしゃ》の方《かた》は、障害者《しょうがいしゃ》クラスに入《はい》ってください。」

「障害者《しょうがいしゃ》クラスって――そのクラスはどんなことを目指《めざ》しているんですか。」

トシ美《み》さんがたずねると、

「美容《びよう》と健康《けんこう》のためのクラスです。」

という返事《へんじ》でした。

「そんなんじゃなく、私《わたし》は競泳《きょうえい》をやりたいんです。」

「この子《こ》、近畿大会《きんきたいかい》で一位《い》になっているんですよ。」

メイとトシ美《み》さんは、そう、うったえましたが、その人《ひと》は、

「いえ、障害者《しょうがいしゃ》の方《かた》は障害者《しょうがいしゃ》クラスに――。」

と、くりかえすだけでした。

(障害《しょうがい》ある人《ひと》とない人《ひと》、そんなに分《わ》けたいんん？　いっしょに泳《およ》いだらあかんの？)

スイミングスクールのげんかんを出《で》たとたん、二人《ふたり》のほほになみだがこぼれおちました。くやしさが、二人《ふたり》の胸《むね》におしよせます。

メイは泣《な》きはらした目《め》でつぶやきました。

「障害者《しょうがいしゃ》やねんな……。なんでもできんのに。」

トシ美《み》さんはなみだをぬぐい、メイの左手《ひだりて》をにぎりしめました。

(生《う》まれたときからこの腕《うで》やし、それが私《わたし》なんや。この腕《うで》が私《わたし》の特《とく》ちょうや、と思《おも》ってきたのに。まわりの人《ひと》は、そう見《み》てくれへんの?)

メイのその思《おも》いは、いつまでも胸《むね》にうずまいていました。

第《だい》5章《しょう》

イギリスでのかがやく日々《ひび》

小学校《しょうがっこう》四年生《ねんせい》の夏休《なつやす》みが終《お》わったばかりの九月《がつ》。メイは母《はは》、トシ美《み》さんとともに、イギリスへわたりました。イギリスの東部《とうぶ》にある、リンカンシャーのスカンソープという街《まち》で、一年間過《ねんかんす》ごすのです。この地《ち》には、父《ちち》のグレアムさんの実家《じっか》があり、メイの祖母《そぼ》のジルさんが一人《ひとり》でくらしています。グレアムさんは、英語《えいご》の講師《こうし》の仕事《しごと》があるため、日本に残《のこ》りました。

トシ美《み》さんはとなりのウエスト・ヨークシャーにある名門校《めいもんこう》、リーズ大学《だいがく》の大《だい》学院《がくいん》に一年間留学《ねんかんりゅうがく》することが決《き》まっていました。学《まな》ぶのは「障害学《しょうがいがく》」で、日本にはこの学科《がっか》のある大学《だいがく》はなく、リーズ大学《だいがく》はこの分野《ぶんや》での研究《けんきゅう》はたいへん進《すす》んでいました。

トシ美《み》さんは、障害《しょうがい》のある子《こ》の親《おや》で、まわりにめいわくをかけまいと身《み》をちぢめてばかりの人《ひと》がいることを疑問《ぎもん》に思《おも》っていました。障害者《しょうがいしゃ》は、めいわくをかけるだけの存在《そんざい》なのだろうか？　と。

そこで、障害《しょうがい》を正《ただ》しく理解《りかい》し、障害《しょうがい》のある子《こ》の親《おや》として知《し》っておきたいことや子《こ》どもに伝《つた》えたいこと、また障害《しょうがい》に関《かん》しての社会《しゃかい》のあり方《かた》について学《まな》ぶことにしていました。

祖母《そぼ》のジルさんは、さっぱりして明《あか》るい人《ひと》でした。メイが生《う》まれたときに日本まで会《あ》いに来《き》てくれ、また、メイは一歳半《さいはん》のときから、毎年夏休《まいとしなつやす》みをイギリスでいっしょに過《す》ごしていたので、二人《ふたり》はもともと仲《なか》よしでした。女《おんな》ばかり三世代《せだい》の暮《く》らしは、のびのびとして楽《たの》しいものでした。

毎朝《まいあさ》、トシ美《み》さんは二時間《じかん》かけて大学《だいがく》に、メイは地元《じもと》の公立小学校《こうりつしょうがっこう》へ通《かよ》います。

ここでは、メイは、日本での学年《がくねん》よりも一つ下《した》の三年生《ねんせい》のクラスへ編入《へんにゅう》しました。

メイの英語《えいご》の力《ちから》を心配《しんぱい》した、ジルさんの助言《じょげん》によるものでした。

メイの家《いえ》では、イギリス人《じん》の父《ちち》に合《あ》わせて、家《いえ》の中《なか》でいつも英語《えいご》でしゃべっていたので、英会話《えいかいわ》には困《こま》りません。しかし、読《よ》み書《か》きはまったくできませんでした。実《じつ》は、このイギリス留学《りゅうがく》には、メイの英語力《えいごりょく》を高《たか》めたいという、両親《りょうしん》のねらいもありました。

メイだけではなく、こちらの学校《がっこう》では、英語《えいご》と算数《さんすう》については、自分《じぶん》の学力《がくりょく》に

イギリスの小学校《しょうがっこう》に初《はじ》めて登校《とうこう》する日《ひ》の朝《あさ》。（2006年《ねん》）

合《あ》った学年《がくねん》の授業《じゅぎょう》を受《う》けられることになっていました。

全員《ぜんいん》、ちょうどいいレベルの授業《じゅぎょう》を受《う》けられるのですから、やる気《き》が出《で》ます。年下《としした》の子《こ》ばかりのクラスにまじっても、はずかしがったり、笑《わら》われたりすることはありません。年上《としうえ》の子《こ》ばかりのクラスに行《い》っても、鼻《はな》にかける子《こ》もいません。

さらに、週一回《しゅうかい》、メイだけに英語《えいご》の読《よ》み書《か》きの特別授業《とくべつじゅぎょう》をしてくれることになりました。学校《がっこう》が、市《し》の担当者《たんとうしゃ》に連絡《れんらく》して、英語《えいご》の先生《せんせい》を手配《てはい》してくれたのです。

これは、スペシャル・エディケーショナル・ニーズ（ＳＥＮ《エスイーエヌ》）とよばれるイギリスの制度《せいど》で、特別《とくべつ》な学習《がくしゅう》や手助《てだす》けを必要《ひつよう》としている人《ひと》に、すぐにその先生《せんせい》や専《せん》門家《もんか》が来《き》てくれるしくみです。

マンツーマンで英語《えいご》の読《よ》み書《か》きを教《おし》えてもらううちに、メイはぐんぐん力《ちから》をつけていきました。一年《ねん》たつころには、英語《えいご》の授業《じゅぎょう》は五年生《ねんせい》に上《あ》がることができました。そのうえ、算数《さんすう》は一つ上《うえ》の六年生《ねんせい》のクラスに入《はい》ることができました。

メイは、ここでも水泳《すいえい》を続《つづ》けました。街《まち》のスイミングスクールに行《い》ってみると、

*
インクルージョンサマーセミナーに参加《さんか》。向《む》かって左《ひだり》どなりに座《すわ》っているのは、元《もと》パラリンピック水泳選手《すいえいせんしゅ》のタラ・フラッドさん。（2007年《ねん》）

10歳《さい》のお誕生日《たんじょうび》はイギリスで。仲《なか》よしのクラスメイトも集合《しゅうごう》。（2007年《ねん》）

片腕《かたうで》が短《みじか》いことなど、なんの問題《もんだい》にもならず、すぐに競泳《きょうえい》のコースに入《い》れてもらえました。

(日本とは全然《ぜんぜん》ちがうなあ……。)

さらに、現地《げんち》で開催《かいさい》されていた障害者《しょうがいしゃ》の水泳大会《すいえいたいかい》を見《み》に行《い》くと、選手《せんしゅ》の多《おお》いこと！ 腕《うで》のない人《ひと》、短《みじか》い人《ひと》なんて、数《かぞ》えきれないくらいいます。

(人口《じんこう》は日本のほうがずっと多《おお》いのに、なんでやろ。)

この街《まち》では、メイの腕《うで》をじろじろながめたり、「なぜその腕《うで》に？」ときいたりする人《ひと》はいません。「ああ、片腕《かたうで》が短《みじか》いのね」というだけです。

とはいっても、イギリスでまったく差別《さべつ》の目《め》がなかったわけではありません。学校《がっこう》で、となりのクラスの女《おんな》の子《こ》が、メイの腕《うで》を指《ゆび》さして、こんなことをいいました。

「気持《きも》ち悪《わる》い！」

しかし、すぐに先生《せんせい》が飛《と》んできました。


*インクルージョン……だれもが参加《さんか》しやすい社会《しゃかい》・組織作《そしきづく》りへの取《と》り組《く》み。

「なんてことというの！」

その話《はなし》は、すぐに校長先生《こうちょうせんせい》にまで伝《つた》わりました。そして、校長先生《こうちょうせんせい》がその子《こ》へ反省文《はんせいぶん》を書《か》くように命《めい》じたのです。

校長先生《こうちょうせんせい》は、メイが納得《なっとく》するまで反省文《はんせいぶん》を書《か》きなおしさせて、ようやく、

「これで許《ゆる》してやれるか？」

と問《と》いかけました。

メイはうなずいて答《こた》えました。

「わかりました、許《ゆる》します。」

(日本で『腕《うで》、きしょい』といわれたときと、全然《ぜんぜん》ちがう。すぐに校長先生《こうちょうせんせい》まで出《で》てくるんや。)

イギリスと日本、それぞれの国《くに》での対応《たいおう》のちがいに驚《おどろ》くメイでした。

メイは、クラシックバレエのレッスンも続《つづ》けていました。ダンススクールには、タップダンスやキャラクターダンス（イングランドの伝統舞踊《でんとうぶよう》）のレッスンもあ

祖母《そぼ》・ジルさんの家《いえ》で、パン作《づく》り。おいしく焼《や》けるかな。（2007年《ねん》）

ったので、それも受《う》けてみました。二か月《げつ》だけですが、アイリッシュダンス（アイルランドの伝統舞踊《でんとうぶよう》）のクラスにも通《かよ》いました。音楽《おんがく》に乗《の》っておどることは、水泳《すいえい》とはちがう楽《たの》しさがありました。

ジルさんが買《か》ってくれた片手用《かたてよう》のリコーダーを練習《れんしゅう》し、コンクールに出《で》たこともありました。

イギリスは緯度《いど》が高《たか》いので、夏《なつ》は深夜《しんや》まで日《ひ》がしずみません。かがやくオレンジ色《いろ》の夕日《ゆうひ》をながめながら、ジルさんが作《つく》ってくれた夕食《ゆうしょく》を囲《かこ》むのは、心《こころ》はずむひとときでした。タリアテッレ（パスタ）

楽《たの》しかったイギリス生活《せいかつ》の最終日《さいしゅうび》。お世話《せわ》になった学校《がっこう》の先生《せんせい》、コリン・バーンズさんに、お別《わか》れのあいさつに行《い》きました。（2007年《ねん》）

をそえたバーベキュー味《あじ》のチキン、山盛《やまも》りの新鮮《しんせん》なサラダ。デザートの手作《てづく》りのトライフル（カスタードクリームやフルーツ、スポンジケーキで作《つく》るお菓子《かし》）。週《しゅう》に一度《ど》は、イギリス名物《めいぶつ》のフイッシュアンドチップス。

イギリスでのかがやくような日々《ひび》は、またたく間《ま》に過《す》ぎていきました。

第《だい》6章《しょう》

初《はじ》めての日本代表《だいひょう》

メイと母《はは》、トシ美《み》さんが日本にもどったのは、一年後《ねんご》の九月《がつ》、小学五年生《しょうがくねんせい》のクラスに編入《へんにゅう》しました。

メイは、いよいよ本格的《ほんかくてき》な水泳《すいえい》のトレーニングを始《はじ》めました。三年生《ねんせい》のときに声《こえ》をかけてくれた猪飼聡《いかいさとし》さんが、メイ専用《せんよう》の練習《れんしゅう》メニューを考《かんが》えてくれたのです。京都市障害者《きょうとししょうがいしゃ》スポーツセンターのプールに週《しゅう》一回《かい》、そのほかにも、メイを受《う》けいれてくれるスイミングクラブを見《み》つけ、大人《おとな》たちにまざって一時間《じかん》から一時間半《じかんはん》かけて、みっちり泳《およ》ぐようになりました。六年生《ねんせい》のころには、五〇メートル自由《じゆう》形《がた》のタイムは四〇秒《びょう》にもう少《すこ》しで届《とど》くまでになりました。

学校《がっこう》のようすは、イギリスに行《い》く前《まえ》と少《すこ》しも変《か》わっていませんでした。

作文《さくぶん》で、「水泳《すいえい》でパラリンピックに行《い》きたい」と書《か》けば、「パラリンピックって何《なに》？」ときかれてばかり。「オリンピックの障害者版《しょうがいしゃばん》や」と、何十回答《なんじゅっかいこた》えたことでしょう。

「あの子《こ》、腕《うで》が……。」

「あんな腕《うで》でよく出《で》てくるわねえ。」

そんな声《こえ》が聞《き》こえてきたこともありました。

五年生《ねんせい》で出場《しゅつじょう》したクラシックバレエのコンクールでのことです。

(腕《うで》が短《みじか》かったら、出《で》たらあかんの？　日本ってなんでこうなんやろ。変《か》わらへんなあ……。)

いつまでこんなことが続《つづ》くのかと、苦《にが》い気持《きも》ちをかかえるメイでした。

二〇〇九年《ねん》、メイは京都市内《きょうとしない》の公立中学校《こうりつちゅうがっこう》に入学《にゅうがく》しました。水泳部《すいえいぶ》がなかったので、陸上部《りくじょうぶ》に入部《にゅうぶ》しました。

放課後《ほうかご》、陸上部《りくじょうぶ》で思《おも》いっきり走《はし》ってあせを流《なが》し、一度《ど》家《いえ》にもどってからプールへかけつけ、週《しゅう》三回《かい》、たっぷり泳《およ》ぎます。バレエや、イギリスから帰《かえ》ってからも続《つづ》けていたタップダンスのレッスンの日《ひ》もあります。

冬《ふゆ》になって、新《あたら》しいコーチに指導《しどう》してもらえることになりました。猪飼聡《いかいさとし》さんの紹介《しょうかい》の谷川哲朗《たにがわてつろう》さん、競泳《きょうえい》のコーチ学《がく》などを学《まな》ぶ大学院生《だいがくいんせい》です。中学《ちゅうがく》二年《ねん》になるころには、練習《れんしゅう》は週《しゅう》五回《かい》に増《ふ》えました。

谷川《たにがわ》コーチの指導《しどう》は、「トップとなる選手《せんしゅ》は、自分《じぶん》の頭《あたま》で考《かんが》えることができるように」というものでした。

「体《からだ》のどんな動《うご》きにも意味《いみ》がある、どんな指示《しじ》にも理由《りゆう》がある」、それを自分《じぶん》で理解《りかい》するように、というのです。納得《なっとく》がいかないとなかなか動《うご》けないメイには、その指導法《しどうほう》はありがたいものでした。

そんないそがしい毎日《まいにち》でありながら、メイは中学《ちゅうがく》二年生《ねんせい》のとき、生徒会《せいとかい》の役員《やくいん》に立候補《りっこうほ》し当選《とうせん》、書記《しょき》になりました。

立候補《りっこうほ》するにあたって、先生《せんせい》は心配《しんぱい》していいました。

「一ノ瀬《いちのせ》、だいじょうぶか？　水泳《すいえい》の遠征《えんせい》もあるし、いそがしすぎるんとちゃうか？」

メイは、全国各地《ぜんこくかくち》の障害者水泳大会《しょうがいしゃすいえいたいかい》に遠征《えんせい》するようになっていました。

「生徒会《せいとかい》、楽《たの》しそうやから、だいじょうぶです！」

生徒会《せいとかい》の仕事《しごと》は、クラスや部活《ぶかつ》の友人関係《ゆうじんかんけい》からはなれて、学校全体《がっこうぜんたい》のことを考《かんが》えられる機会《きかい》であり、それがメイには新鮮《しんせん》でした。役員《やくいん》たちは、みんな生《い》き生《い》きと役割《やくわり》をこなしました。

メイは中学《ちゅうがく》二年生《ねんせい》で、二〇一〇年《ねん》十二月《がつ》に中国《ちゅうごく》の広州《コワンチョウ》で開催《かいさい》された、アジアパラ競技大会《きょうぎたいかい》に日本代表《だいひょう》として出場《しゅつじょう》することになりました。四十一の国《くに》と地域《ちいき》から、約《やく》四千人《せんにん》の選手《せんしゅ》・役員《やくいん》が参加《さんか》、水泳《すいえい》はじめ陸上《りくじょう》やサッカー、車《くるま》いすバスケットなど、十九の競技《きょうぎ》で競《きそ》うアジア最大《さいだい》の障害者《しょうがいしゃ》の競技大会《きょうぎたいかい》です。

（初《はじ》めて日本代表《だいひょう》や！　出《で》れるん、めっちゃうれしい！）

日本選手団《せんしゅだん》と役員《やくいん》は三百六十人《にん》ほど。

障害者《しょうがいしゃ》スポーツは、選手《せんしゅ》の年齢《ねんれい》の幅《はば》が広《ひろ》いので、かなり年上《としうえ》の人《ひと》もたくさんいます。その中《なか》で、メイは日本選手団《せんしゅだん》で史上最年少《しじょうさいねんしょう》でした。

「メイちゃん、まだ十三歳《さい》なの？　若《わか》いなあ」とか「かわいいねえ」と、メイはなにかにつけて声《こえ》をかけてもらいました。

「あーっ、残念《ざんねん》！　メイちゃんよりちょっとだけ早《はや》く生《う》まれてしまって損《そん》した！」

そう笑顔《えがお》で話《はな》すのは、森下友紀《もりしたゆうき》、千葉県《ちばけん》に住《す》む水泳選手《すいえいせんしゅ》です。メイと同学年《どうがくねん》ですが、半年早《はんとしはや》く生《う》まれています。メイとは逆《ぎゃく》に、左《ひだり》のひじの先《さき》がありません。

メイとは、小《ちい》さいころから何度《なんど》も大会《たいかい》でいっしょになり、競《きそ》ったり、はげましあったりしてきた、いいライバルでした。

メイは一〇〇メートル背泳《せおよ》ぎ、一〇〇メートル自由形《じゆうがた》、五〇メートル自由形《じゆうがた》に出場《しゅつじょう》、五〇メートル自由形《じゆうがた》で決勝《けっしょう》に進出《しんしゅつ》しました。

この決勝《けっしょう》には、友紀《ゆうき》も勝《か》ちすすんでいました。

友紀《ゆうき》はそのころの自己《じこ》ベストのタイムは、メイよりも一秒《びょう》ほども速《はや》く、だれもが友紀《ゆうき》が勝《か》つと思《おも》っていました。先輩選手《せんぱいせんしゅ》たちも、「友紀《ゆうき》、勝《か》てよな」とげきを飛《と》ばします。

関東《かんとう》の友紀《ゆうき》と、関西《かんさい》のメイ。二人《ふたり》へのおうえんは、東西対決《とうざいたいけつ》のように、盛《も》りあがっていきました。

スタート台《だい》に向《む》かいながら、メイの全身《ぜんしん》に力《ちから》が入《はい》ります。

（勝《か》ちたい！）

スタートの合図《あいず》とともに、メイはぐんぐん水中《すいちゅう》をつきすすみ、みごと二位《い》。しかも、三十二秒《びょう》六六、自己《じこ》ベストを一・五秒《びょう》ちぢめた日本新記録《しんきろく》です。友紀《ゆうき》は四位《い》でした。

「やったあ！」

「おめでとう、メイ。でも、次《つぎ》は勝《か》つよ！」

「ありがとう友紀《ゆうき》！　よっしゃ、次《つぎ》も負《ま》けへんよ。」

再《ふたた》び戦《たたか》う日《ひ》を楽《たの》しみにする二人《ふたり》でした。

初《はじ》めての国際大会《こくさいたいかい》は、何《なに》もかも新鮮《しんせん》でした。

パラリンピックを目指《めざ》すきっかけになった山田拓朗選手《やまだたくろうせんしゅ》も出場《しゅつじょう》していて、たくさん話《はなし》をすることができました。山田選手《やまだせんしゅ》は、金《きん》一つと銀《ぎん》三つ、合計《ごうけい》四個《こ》のメダルを手《て》にしました。

みんなライバルでありながら、障害者《しょうがいしゃ》スポーツの仲間《なかま》です。競技《きょうぎ》のときは真剣《しんけん》そのものですが、終《お》わればみんな笑顔《えがお》です。

決勝前《けっしょうまえ》、ある中国人《ちゅうごくじん》の記者《きしゃ》から取材《しゅざい》を受《う》け、うっかり「タップダンスができる」と口《くち》にすると、「では、ここでタップダンスを見《み》せてくれ」といわれたこともありました。

メイは「ノーノー、できない、できない」とことわりました。

タップダンスは、ゆかをふみならしながら軽快《けいかい》にステップするダンスで、くつ音《おと》できざむリズムが特《とく》ちょうのモダンダンスです。専用《せんよう》のくつとゆか材《ざい》がないと、あの小気味《こきみ》のいいリズムがひびかないのに、そのフロアはじゅうたんじきで、メイのくつはスニーカーです。音楽《おんがく》もありません。

それなのに、その記者《きしゃ》はにやりと笑《わら》っていいました。

「こんなこともできずに、メダルとれると思《おも》ってるのか?」

(いうたなあ! よーし、やったるわ。)

負《ま》けずぎらいなメイは、適当《てきとう》な曲《きょく》を思《おも》い

アジアパラ競技大《きょうぎたい》会《かい》。中国《ちゅうごく》・広州《コワンチョウ》の会場《かいじょう》で母《はは》・トシ美《み》さんと。(2010年《ねん》)

うかべ、素早《すばや》いステップをふんでみせました。タカタカッというタップの音《おと》こそしませんでしたが、みんな拍手《はくしゅ》してくれました。

英語《えいご》のできるメイは、先輩《せんぱい》日本人《じん》選手《せんしゅ》から外国人《がいこくじん》選手《せんしゅ》への通訳《つうやく》を、たびたび頼《たの》まれました。

「メイ！　ちょっと来《き》てよ。あの子《こ》と話《はな》したいんだよ。頼《たの》むよ。」

と、顔《かお》を赤《あか》らめながら、女性《じょせい》選手《せんしゅ》の前《まえ》にメイを引《ひ》っぱっていく男性《だんせい》選手《せんしゅ》もいました。

通訳《つうやく》をしたことで、メイは各国《かっこく》の選手《せんしゅ》からも、「メイ」「ハーイ、メイ」と声《こえ》をかけてもらえるようになりました。

「メイ、毎日《まいにち》どのくらい泳《およ》ぐの？」

中国《ちゅうごく》の選手《せんしゅ》にきかれたときのことです。

「ええと、一週間《しゅうかん》に五回《かい》で、一回《かい》一時間《じかん》から一時間半《じかんはん》くらい……。」

そう答《こた》えると、その選手《せんしゅ》は、目《め》を丸《まる》くしました。

「そんな少《すこ》しの練習量《れんしゅうりょう》で、なんでそんなに速《はや》く泳《およ》げるの？」

その選手《せんしゅ》は、毎日《まいにち》ほとんどの時間《じかん》を、練習《れんしゅう》に当《あ》てているというのです。

（記録《きろく》を出《だ》す選手《せんしゅ》は、そのかげでめっちゃ努力《どりょく》をしてはるんやなあ。私《わたし》は、まだまだや。バレエとか続《つづ》けてていいんかなあ。）

メイにとって、クラシックバレエとタップダンスのレッスンは、〇・〇一秒《びょう》を競《きそ》う競泳《きょうえい》とはちがう、ほっとできるひとときでした。

（おどるのは好《す》きや。音楽《おんがく》が聞《き》こえると体《からだ》を動《うご》かしたくなる。でも……今《いま》は私《わたし》、もっともっと泳《およ》がなあかんわ！）

バレエをやっていると、体《からだ》がやわらかくなるので、けがをしにくくなるし、体《からだ》のバランスがよくなり、軸《じく》がしっかりしてくるという利点《りてん》があります。けれども、水泳《すいえい》一本《ぽん》にしぼることに決《き》めたメイでした。

たくさんの出会《であ》いと、刺激《しげき》がありました。新《あたら》しい友人《ゆうじん》もできました。メイが銀《ぎん》メダルをとったレースの金《きん》メダリスト、中国《ちゅうごく》のリン選手《せんしゅ》と仲《なか》よしになり、朝食《ちょうしょく》を

中国《ちゅうごく》・リン選手《せんしゅ》たちと。たくさんの出会《であ》いがあり、大《おお》きく世界《せかい》が広《ひろ》がったアジアパラ競技大会《きょうぎたいかい》でした。(右《みぎ》はし。2010年《ねん》)

いっしょに食《た》べたのもいい思《おも》い出《で》です。

世界《せかい》の広《ひろ》さ大《おお》きさに、目《め》を見《み》はったアジアパラ競技大会《きょうぎたいかい》でした。

メイちゃんのメイ言《げん》 1

全員《ぜんいん》がスーパーマンにならなくてもいい

日本の子《こ》どもって、「なんでもできなあかん」といわれる気《き》がする。

でも、足《あし》の速《はや》い子《こ》や勉強《べんきょう》ができる子《こ》、いろいろいていい。

みんなが“なんでもできる”スーパーマンを目指《めざ》さなくたっていい。

自分《じぶん》にできること、自分《じぶん》が好《す》きなこと、いっしょうけんめいになれることを、大事《だいじ》にしてほしいな。

第《だい》7章《しょう》 水《みず》がすべてを受《う》けとめてくれる

銀《ぎん》メダルを手《て》にして帰国《きこく》し、中学校《ちゅうがっこう》へもどったメイでしたが、「おめでとう」の声《こえ》は少《すく》ないものでした。

（行《い》く前《まえ》に、それほどおうえんしてもらっていたわけじゃないし、みんな、障害《しょうがい》者《しゃ》の大会《たいかい》なんて、関心《かんしん》ないいんやなあ。）

世界《せかい》レベルでがんばっている選手《せんしゅ》たちの、真剣《しんけん》で熱《あつ》い世界《せかい》を知《し》ってしまったメイにとって、中学校《ちゅうがっこう》の友人関係《ゆうじんかんけい》はあまりにせまくて小《ちい》さなものに感《かん》じられます。

（決《き》まった仲《なか》よしグループが、たくさんあるなあ。それでいて、机《つくえ》くっつけて、いっしょにお昼食《ひるた》べてたのに、急《きゅう》によういわからん理由《りゆう》でいっしょに食《た》べてもらえへん子《こ》がいたり……。なんやろ、この世界《せかい》は。）
ある日《ひ》、とんでもないことが起《お》こりました。
「メイ！　たいへん！　K子《ケーこ》がひどいこと書《か》いてたで。」
何人《なんにん》かの友人《ゆうじん》が、メイに知《し》らせに来《き》ました。
K子《ケーこ》が、インターネット上《じょう》にメイの悪口《わるくち》を書《か》きこんだ、というのです。
メイは家《いえ》でパソコンを開《ひら》くことはほとんどなく、携帯電話《けいたいでんわ》は通話《つうわ》にしか使《つか》ってなかったので、インターネット上《じょう》のやりとりは知《し》りませんでした。
K子《ケーこ》の書《か》きこみは、
《メイの腕《うで》、キモい。》
《障害者《しょうがいしゃ》の学校《がっこう》行《い》きや。なんでふつうの中学《ちゅうがく》来《き》てんねん。》
《調子《ちょうし》にのるなよ。》
という、ひどいものだったそうです。

「何《なに》これ！」

メイはかっとなってさけびました。

「K《ケー》子《こ》に話《はな》しに行《い》く！」

「メイ、待《ま》って待《ま》って、落《お》ちついて。」

友人《ゆうじん》たちが先生《せんせい》に知《し》らせ、先生立《せんせいた》ち会《あ》いのもとで、話《はな》し合《あ》いが行《おこな》われることになりました。

K《ケー》子《こ》は、おどおどしながら口《くち》を開《ひら》きました。

「ごめんなさい。かんにんしたって。」

先生《せんせい》が問《と》いかけました。

「なんでこんなん書《か》いたん？」

「だって……メイ、U《ユー》ちゃんと、このごろ仲《なか》ええから……。」

U《ユー》ちゃんはクラスの友人《ゆうじん》です。メイはおどろいていいました。

「えっ、U《ユー》ちゃん？　私《わたし》がU《ユー》ちゃんを取《と》ったとか、そういうこと？」

メイには、取《と》った取《と》られたなんて意識《いしき》は、ありませんでした。

「う、うん。それにメイは海外《かいがい》の大会《たいかい》とか行《い》って、うらやましいて……私《わたし》、テニス部《ぶ》やけど、テニスあんましうまくならへんのに。」

「でも、テニス始《はじ》めたん、中学入《ちゅうがくはい》ってからやろ？　メイなんか、一歳半《さいはん》から泳《およ》いでんねんで。

なあ、そんな理由《りゆう》で、腕《うで》のこと書《か》いたん？」

「……メイの悪《わる》いとこ、もっと書《か》いたろ思《おも》ったのに、腕《うで》のことしか思《おも》いつかへんかった……。」

メイのいかりは、さらに大《おお》きくなりました。

「自分《じぶん》がやったこと、わかってる？　メイはたしかに右腕《みぎうで》、短《みじか》い。けど、ほかはみんなと変《か》わらへん。こんなんいう人《ひと》のせいで、『障害者《しょうがいしゃ》』にされてしまうねん！」

「ごめんなさい……。」

K子《ケーこ》があやまったことで、話《はな》し合《あ》いは終《お》わりとなりました。

その日《ひ》、プールの中《なか》で、メイはゆっくりと手足《てあし》を動《うご》かしました。

（ああ！　やっぱり泳《およ》ぐのはええな。）

水中《すいちゅう》でコースを進《すす》むときは、自分一人《じぶんひとり》だけの透明《とうめい》な世界《せかい》です。だれにもじゃまされることはありません。聞《き》こえるのは、シャーッ、ポコポコという水音《みずおと》ばかり。K子《ケーこ》に書《か》かれた悪口《わるくち》で傷《きず》ついた痛《いた》みが、やわらいでいきました。女子《じょし》どうしで空気《くうき》を読《よ》まなければならなかったり、行《い》きちがったりする日々《ひび》のわずらわしさも、消《き》えていきました。水《みず》が、苦《にが》く重《おも》たい気持《きも》ちを受《う》けとめ、するすると解《と》きはなってくれるようです。

（しょうもないこと、気《き》にしてたらあかん。小《ちい》さくなったらあかん。メイには、水泳《すいえい》がある！　メイには目指《めざ》している世界《せかい》があるんや！）

ロンドンパラリンピックは、二年後《ねんご》にせまっていました。

メイちゃんのメイ言《げん》 2

パラスポーツは、お手本《てほん》のない世界《せかい》

パラの選手《せんしゅ》は一人《ひとり》ひとり体《からだ》がちがうので、この泳《およ》ぎ方《かた》が絶対《ぜったい》いいとか、あの人《ひと》のフォームをお手本《てほん》にすればいい、ということは、ない。

自分《じぶん》に合《あ》ったやり方《かた》、自分《じぶん》の特《とく》ちょうに合《あ》ったいい動《うご》き方《かた》を見《み》つけて、競《きそ》いあう世界《せかい》。

そこが、パラスポーツのおもしろいところや。

第《だい》8章《しょう》 ナポリで大泣《おおな》き

二〇一二年《ねん》、春《はる》。メイは京都市立紫野高校《きょうとしりつむらさきのこうこう》に進学《しんがく》しました。紫野高校《むらさきのこうこう》には、英文系《えいぶんけい》の学科《がっか》があります。メイは得意《とくい》の英語《えいご》をいかすため、このクラスに入《はい》りました。

この高校《こうこう》の入学案内《にゅうがくあんない》には、「眼《め》は遠《とお》くを　足《あし》は地《ち》に」とあります。国際連合《こくさいれんごう》の事務次長《じむじちょう》をつとめた明石康《あかしやすし》さんのことばです。

（いいな、これ。今《いま》の自分《じぶん》のレベルばっかり気《き》にしててんと、目標《もくひょう》は高《たか》くもって、それに向《む》かって進《すす》まな。）

このことばは、メイの「座右《ざゆう》の銘《めい》」＊となりました。

高校《こうこう》には水泳部《すいえいぶ》があったので、メイはすぐに部室《ぶしつ》へ行《い》ってみました。

すると、顧問《こもん》の先生《せんせい》も先輩《せんぱい》も、

「えっ、日本記録《きろく》をもっているの！　それ、すごーい。いっしょにやりましょ！」

と、最初《さいしょ》から大《だい》かんげいしてくれました。

この高校《こうこう》は、自由《じゆう》な校風《こうふう》の楽《たの》しい学校《がっこう》でした。

制服《せいふく》はなし、中庭《なかにわ》では、毎週《まいしゅう》のように軽音楽部《けいおんがくぶ》やチアリーディング部《ぶ》、ブラスバンド部《ぶ》などによるパフォーマンスが行《おこな》われています。文化祭《ぶんかさい》ではクラス対抗《たいこう》の創作《そうさく》ダンス大会《たいかい》で全校《ぜんこう》あげて大盛《おおも》り上《あ》がりとなり、ハロウィンの日《ひ》は仮装《かそう》して楽《たの》しむほどでした。

メイはたくさんの友人《ゆうじん》や、部活《ぶかつ》の仲間《なかま》に恵《めぐ》まれました。

高校《こうこう》の水泳部《すいえいぶ》は温水《おんすい》プールではありません。泳《およ》げるのは、春《はる》から秋《あき》まで。そのほかの季節《きせつ》は、これまでと同《おな》じプールに通《かよ》い、谷川《たにがわ》コーチのメニューで練習《れんしゅう》にはげみました。

高校《こうこう》に入学《にゅうがく》したころ、メイはあせっていました。

ロンドンパラリンピックは、この夏《なつ》にせまっています。日本代表《だいひょう》に選《えら》ばれるには、公式大会《こうしきたいかい》で、パラリンピック派遣《はけん》標準記録《ひょうじゅんきろく》を超《こ》える成績《せいせき》を出《だ》さなくてはなりません。

メイの記録《きろく》は伸《の》びてはいたものの、その標準記録《ひょうじゅんきろく》におしくも届《とど》いていませんでした。しかも、選考対象《せんこうたいしょう》の国内《こくない》の公式大会《こうしきたいかい》はすでに終《お》わっていました。

（このままでは、ロンドンをのがしてし

＊座右《ざゆう》の銘《めい》……いつも心《こころ》にとめておき、いましめやはげましとすることば。

高校《こうこう》1年生《ねんせい》のときに出場《しゅつじょう》した、全京都障害者総合《ぜんきょうとしょうがいしゃそうごう》スポーツ大会水泳大会《たいかいすいえいたいかい》で。(2012年《ねん》)

まう。猪飼《いかい》コーチや谷川《たにがわ》コーチといっしょに、何年《なんねん》もがんばってきたのに。今《いま》から間《ま》にあう試合《しあい》は――ナポリ？）

五月《がつ》のイタリアのナポリでの大会《たいかい》が、代表選考《だいひょうせんこう》の最後《さいご》のチャンスです。クラスの友人《ゆうじん》や、部活《ぶかつ》の仲間《なかま》や先輩《せんぱい》たちが、「ロンドンへの切符《きっぷ》、取《と》っておいで！」と送《おく》りだしてくれました。

五〇メートル自由形決勝《じゆうがたけっしょう》。全力《ぜんりょく》を出《だ》しきって泳《およ》ぎ、プールのかべにタッチ、すぐにタイムを確認《かくにん》しました。

（あかん！）

タイムは三十一秒《びょう》四七。パラリンピック派遣標準記録《はけんひょうじゅんきろく》は三十一秒《びょう》一七。わずか〇・三秒《びょう》足《た》りません。

メイは、プールサイドのベンチに座《すわ》りこむなり、せきを切《き》ったように、声《こえ》を上《あ》げて泣《な》きだしました。これまで、負《ま》けてもほとんど泣《な》いたことのないメイです。

コーチも選手仲間《せんしゅなかま》も、びっくりし、なんとか声《こえ》をかけようとしています。

それを察《さっ》しても、メイはどうしてもなみだが止《と》まりませんでした。体中《からだじゅう》の力《ちから》がとけて水《みず》になったように、なみだが、後《あと》から後《あと》からわいてきます。

メイの肩《かた》を、やはりロンドンを目指《めざ》しながらも敗《やぶ》れた選手仲間《せんしゅなかま》が、だまってなでてくれました。

帰《かえ》りの飛行機《ひこうき》の中《なか》で、メイの胸《むね》に、これまでのことが次々《つぎつぎ》にわいてきました。

(ちっちゃいときから泳《およ》いでた。自分《じぶん》の意志《いし》で水泳《すいえい》を始《はじ》めたっていうより、気《き》がついたら毎日《まいにち》、泳《およ》いでた。

中二《ちゅう》のときに、広州《コワンチョウ》でのアジアパラ競技大会《きょうぎたいかい》で日本代表《だいひょう》になったときは、日本記録出《きろくだ》して銀《ぎん》とったけど、ラッキーな流《なが》れやったんやな。

『次《つぎ》はロンドンパラやね』っていわれて、自分《じぶん》でもそのつもりになって。アジアパラの代表《だいひょう》に選《えら》ばれたときみたいに、「ロンドンも行《い》けるかも」みたいな気持《きも》ちでいたかもしれん。

そんなんじゃ、あかんねんな。「行《い》くで!」「行《い》ったる!」じゃないとあかん。

パラリンピックは、そんなあまい場所《ばしょ》じゃない。ものすごい努力《どりょく》した人《ひと》にしか届《とど》かへん場所《ばしょ》……。)

メイは、空港《くうこう》に降《お》りたち、日本の青空《あおぞら》を見上《みあ》げました。

(そのことに気《き》がついたんは、いい経験《けいけん》やったわ。)

第《だい》9章《しょう》 メルボルンでの決意《けつい》

それからのメイの胸《むね》に、「自分《じぶん》はなぜ泳《およ》ぐのだろう?」という問《と》いが、たびたび顔《かお》を出《だ》すようになりました。

高校《こうこう》一年《ねん》の三月《がつ》、紫野高校《むらさきのこうこう》の英文系《えいぶんけい》では、海外《かいがい》での三週間《しゅうかん》の英語研修《えいごけんしゅう》があります。行《い》き先《さき》はオーストラリアのメルボルン、海外《かいがい》からの語学研修生《ごがくけんしゅうせい》を多《おお》く受《う》けいれている街《まち》です。メイたちは、現地《げんち》の一般家庭《いっぱんかてい》にホームステイ*して、語学学校《ごがくがっこう》に通《かよ》うのです。

メイももちろん参加《さんか》しました。けれども、三週間《しゅうかん》も水泳《すいえい》を休《やす》むわけにいかず、

*ホームステイ……学生《がくせい》が外国《がいこく》の一般家庭《いっぱんかてい》に一定期間滞在《いっていきかんたいざい》し、その国《くに》の文化《ぶんか》や言語《げんご》、歴史《れきし》などを学《まな》ぶこと。

プールに通《かよ》うことにして場所《ばしょ》も決《き》めてもらっていました。

しかし、メイは直前《ちょくぜん》にある決意《けつい》を固《かた》めました。一度《ど》水泳《すいえい》からはなれてみよう、そして、せっかくの海外研修《かいがいけんしゅう》、ふだんはできない経験《けいけん》をしてみよう、と。

メルボルンは美《うつく》しい街《まち》でした。南半球《みなみはんきゅう》にあるので季節《きせつ》は日本と反対《はんたい》で、三月《がつ》が夏《なつ》の終《お》わりです。日中《にっちゅう》はまだまだ暑《あつ》いけれど、朝晩《あさばん》はサラリとしたすずしい風《かぜ》がほほをなでていきます。ヨーロッパふうのおしゃれなアーケード街《がい》や大聖堂《だいせいどう》があるかと思《おも》うと、漢字《かんじ》の看板《かんばん》がならぶチャイナタウンもあります。

三週間《しゅうかん》も水泳《すいえい》から遠《とお》ざかるのは、九歳《さい》で本格的《ほんかくてき》に水泳《すいえい》を始《はじ》めてから初《はじ》めてのことでした。

メルボルンの街《まち》を行《い》く人《ひと》たち——通勤《つうきん》する人《ひと》、学校《がっこう》へ行《い》く大学生《だいがくせい》や子《こ》どもたち、買《か》い物客《ものきゃく》たち。メイの目《め》には、こんな日常《にちじょう》の風景《ふうけい》が新鮮《しんせん》に映《うつ》ります。

(あたりまえやけど、いろんな人《ひと》がいるんやな。いろんな人《ひと》が、いろんな道《みち》を選《えら》んで、働《はたら》いたり勉強《べんきょう》したり……。

みんな、どういうきっかけで、その道《みち》を選《えら》んだんやろ。メイは、なんで水泳《すいえい》なんやろ。毎日毎日《まいにちまいにち》、なんで泳《およ》いでいるんやろ。水泳《すいえい》で世界《せかい》を目指《めざ》してるけど、そこにどういう意味《いみ》があるんやろ。)

メイは語学学校《ごがくがっこう》の登下校《とうげこう》や授業《じゅぎょう》の合間《あいま》に、考《かんが》えつづけました。

街《まち》を歩《ある》くと、路上《ろじょう》ライブやパフォーマンスをするアーティストの人《ひと》たちに、たくさん出会《であ》います。ノリのいい音楽《おんがく》、躍動《やくどう》するダンス。

(うわっ、ダンス、めっちゃかっこいい。)

もともと、ダンスも音楽《おんがく》も大好《だいす》きです。音楽《おんがく》が聞《き》こえると、足《あし》が自然《しぜん》にリズムをきざみます。

(私《わたし》は、こんなクリエイティブなこと、やっていない。毎日毎日《まいにちまいにち》、同《おな》じコースを何度《なんど》も何度《なんど》も行《い》ったり来《き》たり。なんでやろ。)

答《こた》えを探《さが》しながらの三週間《しゅうかん》は、あっという間《ま》に終《お》わりに近《ちか》づきました。

「メイ、なんか体細《からだほそ》くなった？」

友《とも》だちにいわれて肩《かた》や足《あし》にふれてみると、たしかに少《すこ》し細《ほそ》くなった感《かん》じです。たった三週間《しゅうかん》のあいだに、筋肉《きんにく》が落《お》ちていました。長《なが》い髪《かみ》も、サラサラになっています。消毒《しょうどく》のための塩素《えんそ》が入《はい》ったプールの水《みず》に、つかっていないからです。

(たった三週間《しゅうかん》で、変《か》わるもんやなあ。ちょっとこわいかも。髪《かみ》の毛《け》サラサラはうれしいけど。)

メイは、手足《てあし》がうずうずしてきたのを感《かん》じました。

(水《みず》の感触《かんしょく》がなつかしいなあ。水《みず》に入《はい》りたい、泳《およ》ぎたい! 水泳《すいえい》、やっぱり好《す》きやなあ。この右腕《みぎうで》は、個性《こせい》。特《とく》ちょう。それをわかってもらえるのは、私《わたし》の場合《ばあい》は、やっぱり水泳《すいえい》。それも、できるだけ多《おお》くの人《ひと》にわかってもらうには、世界《せかい》を目指《めざ》さなあかん。やっぱり、水泳《すいえい》でいこ!)

メイは胸《むね》の底《そこ》から力《ちから》がわいてくるのを感《かん》じました。

(十三歳《さい》でアジア大会《たいかい》に出場《しゅつじょう》したら、中学校《ちゅうがっこう》とはまるでちがう、新《あたら》しい大《おお》きな世《せ》界《かい》が見《み》えてきた。水泳《すいえい》を続《つづ》けていくうちに、またちがう世界《せかい》が見《み》えるかもしれない。世界一《せかいいち》の表彰台《ひょうしょうだい》に立《た》ったときに、わかるものがあるかもしれないな。）

　メイは、決意《けつい》を胸《むね》に、メルボルンの空港《くうこう》を後《あと》にしました。

《主役《しゅやく》はメイちゃんや》

《MEI《メイ》、ファイト！》

《大好《だいす》きよ》

《がんばれ、メイちゃん》

　お気《き》に入《い》りの紫色《むらさきいろ》のセームタオル[*1]や黄色《きいろ》いプルブイ[*2]に、高校《こうこう》の友《とも》だちの寄《よ》せ書《が》きが、びっしりと書《か》きこまれました。

　二〇一四年《ねん》、メイは高校《こうこう》三年生《ねんせい》の秋《あき》、学校中《がっこうじゅう》の

＊1セームタオル……水泳《すいえい》などで使《つか》われる、吸水性《きゅうすいせい》の高《たか》いタオル。

＊2プルブイ……一般的《いっぱんてき》には、足《あし》にはさみ下半身《かはんしん》を浮《う》かせて練習《れんしゅう》に用《もち》いる、水泳《すいえい》の補助具《ほじょぐ》。

オーストラリア・メルボルンの語学《ごがく》学校《がっこう》で。たくさんの友《とも》だちができました。（左《ひだり》から4人《にん》目《め》。2013年《ねん》）

声援《せいえん》に送《おく》られて、アジアパラ競技大会代表選手《きょうぎたいかいだいひょうせんしゅ》として、韓国《かんこく》の仁川《インチョン》へ出発《しゅっぱつ》しました。

四年前《ねんまえ》の最年少《さいねんしょう》での参加《さんか》から、二度目《どめ》のアジア大会《たいかい》です。

四十一の参加国《さんかこく》・地域《ちいき》から、約《やく》二千五百人《にん》が参加《さんか》し、二十三競技《きょうぎ》で競《きそ》われます。

メイはこの大会《たいかい》で、みごとに、二〇〇メートル個人《こじん》メドレー、一〇〇メートル平泳《ひらおよ》ぎの二種《しゅ》目《もく》で二位《い》、五〇メートル自由形《じゆうがた》、一〇〇メートル背泳《せおよ》ぎで、三位《い》。銀《ぎん》メダル二つと銅《どう》メダル二つを手《て》に、帰国《きこく》しました。

アジアパラ競技大《きょうぎたい》会《かい》から帰国後《きこくご》、高《こう》校《こう》の中庭《なかにわ》で開《ひら》かれたお祝《いわ》いの会《かい》。

メイちゃんのメイ言《げん》3

何《なに》も考《かんが》えなくても いい動《うご》きができるように

練習《れんしゅう》のときは、自分《じぶん》のフォームを意識《いしき》して、今《いま》どういうふうに筋肉《きんにく》を使《つか》っているか、感《かん》じとりながら泳《およ》いでいる。

反対《はんたい》に、試合《しあい》では、泳《およ》いでいるさいちゅうは何《なに》も考《かんが》えていないし、終《お》わっても何《なに》も覚《おぼ》えていない。もう、まったく無意識《むいしき》に泳《およ》いでいる。無意識《むいしき》でもいい動《うご》きができるように、動《うご》きをしっかりと体《からだ》に覚《おぼ》えこませる。

そのために、何時間《なんじかん》もがんばって、練習《れんしゅう》する。

第《だい》10章《しょう》

「障《しょう》害《がい》って何《なに》？」

高校《こうこう》三年生《ねんせい》の二月《がつ》。水泳以外《すいえいいがい》のことでうれしい出来事《できごと》がありました。第《だい》八回全《かいぜん》国高等学校英語《こくこうとうがっこうえいご》スピーチコンテストへの出場《しゅつじょう》です。

紫野高校《むらさきのこうこう》の英文系《えいぶんけい》では、一、二年生《ねんせい》は全員《ぜんいん》、校内《こうない》の英語《えいご》スピーチコンテストに参加《さんか》することになっています。

一年生《ねんせい》のときの校内大会《こうないたいかい》で、メイは自分《じぶん》の障害《しょうがい》のことをテーマに語《かた》りました。なんでもできるのに、社会《しゃかい》はそうは見《み》てくれないこと。夢《ゆめ》はパラリンピックへの出場《しゅつじょう》で、それにより障害者《しょうがいしゃ》への目《め》を変《か》えること……。

語《かた》りおえると、英語《えいご》の先生《せんせい》が飛《と》んできました。

「一ノ瀬《いちのせ》、よかった！　来年《らいねん》は全国《ぜんこく》を目指《めざ》すぞ！」

二年生《ねんせい》になり、同《おな》じ内容《ないよう》で京都府南《きょうとふみなみ》ブロック予選《よせん》を突破《とっぱ》、京都府大会《きょうとふたいかい》に出場《しゅつじょう》することができました。このときの成績《せいせき》は、三位《い》。近畿大会《きんきたいかい》へ進《すす》めるのは二位《い》までです。

「あ〜〜〜！　残念《ざんねん》！」

そのときの審査員《しんさいん》の評価《ひょうか》を聞《き》いて、メイは考《かんが》えこみました。

「内容《ないよう》が個人的《こじんてき》すぎます。」

（個人的《こじんてき》？　私《わたし》は自分《じぶん》の障害《しょうがい》を、個人《こじん》の問題《もんだい》としてではなく、社会《しゃかい》の問題《もんだい》としてうったえたつもりやったのに、伝《つた》わってなかったんや。そうか、伝《つた》え方《かた》や。）

高校《こうこう》三年《ねん》になり、メイは原稿《げんこう》を書《か》きなおしました。障害《しょうがい》をつくりだすのは社会《しゃかい》。それならば、社会《しゃかい》が障害《しょうがい》をなくすこともできるはず——そんな思《おも》いをこめました。

（全国大会《ぜんこくたいかい》に出《で》て、自分《じぶん》の思《おも》いを伝《つた》えられたらいいなあ。）

メイは地区《ちく》の予選《よせん》を勝《か》ちぬき、ついに近畿《きんき》ブロックも突破《とっぱ》、東京《とうきょう》での全国大会《ぜんこくたいかい》へ進《すす》みました。

晴《は》れの大会《たいかい》、登壇《とうだん》したメイは、なめらかな英語《えいご》で語《かた》りはじめました。ときおり、自分《じぶん》の短《みじか》い右手《みぎて》を左手《ひだりて》で指《さ》ししめしながら。

「障害《しょうがい》って何《なに》?」

紫野高校三年《むらさきのこうこうねん》　一ノ瀬《いちのせ》メイ

「I have a short arm.《アイ ハヴ ア ショート アーム》(私《わたし》の腕《うで》は短《みじか》いです。)

こんな私《わたし》を、あなたはなんとよびますか? ほとんどの人《ひと》は『障害者《しょうがいしゃ》』、つまり『障害《しょうがい》をもつ人《ひと》』とよぶでしょう。

生《う》まれたときから、私《わたし》はそうよばれてきました。でも、なぜ、そんなふうによばれるのでしょう?

ほとんどの人《ひと》は、体《からだ》や心《こころ》の機能《きのう》の一部《いちぶ》でも損《そこ》なわれていたら、『障害者《しょうがいしゃ》』と、思《おも》ってしまいます。

けれども、それはちがうと思《おも》います。

私《わたし》の右腕《みぎうで》は短《みじか》い、でもそれは私《わたし》にとって『障害《しょうがい》』ではないのです。勉強《べんきょう》もできるし、自転車《じてんしゃ》にも乗《の》れます。泳《およ》ぐことも髪《かみ》をきちんと結《むす》ぶこともできます。私《わたし》は、なんでも自分《じぶん》でやれるのです。

それなのに、なぜ私《わたし》が、『障害《しょうがい》をもっている人《ひと》』といわれなければならないのでしょう？　なんでもできるのに？

イギリスでは、心身《しんしん》の機能《きのう》が損《そこ》なわれている人《ひと》を'disabled person《ディセイブルド パーソン》'といいます。これは、『できなくさせられた人《ひと》』という意味《いみ》です。

イギリスには、障害《しょうがい》について、主《おも》に二《ふた》つのモデル（考《かんが》え方《かた》）があります。『個《こ》人《じん》モデル』と『社会《しゃかい》モデル』です。『個人《こじん》モデル』はその人《ひと》の障害《しょうがい》を、個人的《こじんてき》に能力《のうりょく》が欠《か》けている状態《じょうたい》とする考《かんが》え方《かた》です。多《おお》くの人《ひと》が、障害《しょうがい》をそうとらえていると思《おも》います。

『社会《しゃかい》モデル』はどうでしょう? 多《おお》くの人《ひと》は、知《し》らないのではないでしょうか。

しかし、『社会《しゃかい》モデル』の考《かんが》え方《かた》は、たいへん重要《じゅうよう》です。それは、『障害《しょうがい》』に対《たい》する理解《りかい》をいっそう深《ふか》めることができるからです。

『社会《しゃかい》モデル』はイギリスではよく知《し》られるようになってきました。障害《しょうがい》は、個人《こじん》の心身《しんしん》の機能《きのう》の問題《もんだい》ではなく、社会《しゃかい》がつくりだしているという考《かんが》え方《かた》です。

社会《しゃかい》が障害《しょうがい》をつくりだすとは、どういう意味《いみ》でしょうか。

たとえば、外国《がいこく》に行《い》ったとき、ことばが通《つう》じなくて困《こま》ることがあります。そういうとき、あなたはその国《くに》でことばが通《つう》じないという『障害《しょうがい》をもつ』ことになるのです。めがねやコンタクトレンズをつけている人《ひと》が、そういうもののない社会《しゃかい》でくらせば、視覚《しかく》に『障害《しょうがい》をもつ』ことになります。

車《くるま》いすの人《ひと》が街《まち》を行《い》くとき、段差《だんさ》や階段《かいだん》があると、たいへんです。でもそれらがまったくなくて通行《つうこう》に困《こま》らなければ、車《くるま》いすであっても『障害《しょうがい》をもつ』ことになりません。

私《わたし》は、この『社会《しゃかい》モデル』の考《かんが》え方《かた》はたいへんいいと思《おも》います。

『社会《しゃかい》』とは何《なん》でしょう?

それは『人《ひと》』です。障害《しょうがい》をつくりだしているのは、私《わたし》たちであるかもしれません。

始《はじ》めのほうで述《の》べましたが、私《わたし》はなんでも自分《じぶん》でできます。

しかし、私《わたし》には『障害《しょうがい》をもたされている』と感《かん》じることがあります。それは、ほかの人《ひと》に私《わたし》の腕《うで》をじろじろ見《み》られたときや、私《わたし》のことをよく知《し》らないのに『障《しょう》害者《がいしゃ》』と決《き》めつけられたときです。

九歳《さい》のとき、スイミングスクールへ入会《にゅうかい》しに行《い》きました。競泳《きょうえい》クラスに入《はい》るためです。けれどもそのクラスには入《い》れてもらえませんでした。私《わたし》の短《みじか》い右腕《みぎうで》を見《み》ただけで、障害者《しょうがいしゃ》のための特別《とくべつ》なクラスにしか入《はい》ることができない、とことわられたのです。

実際《じっさい》には泳《およ》げるのに、競泳《きょうえい》クラスの生徒《せいと》と同《おな》じように泳《およ》げるわけがないと、決《き》めつけられてしまったのです。

私《わたし》はそのとき、生《う》まれて初《はじ》めて障害者《しょうがいしゃ》であることを意識《いしき》させられました。

そのスイミングスクールが私《わたし》を障害者《しょうがいしゃ》にしたのです。」


メイがひと呼吸《こきゅう》おいたとき、客席《きゃくせき》でうなずきながらなみだをぬぐっている人《ひと》が目《め》に入《はい》りました。

(伝《つた》わっている！　私《わたし》の思《おも》いが。)

メイは大《おお》きく息《いき》を吸《す》い、話《はな》しつづけました。

「今《いま》、私《わたし》は競泳《きょうえい》の選手《せんしゅ》です。韓国《かんこく》の仁川《インチョン》で開催《かいさい》されたアジアパラ競技大会《きょうぎたいかい》へも出《しゅつ》場《じょう》しました。そこで私《わたし》は、銀《ぎん》メダル二つと銅《どう》メダル二つを獲得《かくとく》してきました。

もし、あなたが泳《およ》げなければ、海《うみ》の中《なか》では障害者《しょうがいしゃ》です。

でも、私《わたし》はあなたに泳《およ》ぎ方《かた》を教《おし》えてあげることができます。そうしたら、あなたは海《うみ》の中《なか》の障害者《しょうがいしゃ》でなくなりますよ。

私《わたし》は、二〇二〇年《ねん》東京《とうきょう》パラリンピックに、水泳選手《すいえいせんしゅ》として参加《さんか》することを目指《めざ》しています。

その大会《たいかい》が大成功《だいせいこう》するよう、願《ねが》っています。

ご承知《しょうち》のように、二〇一二年《ねん》のロンドンパラリンピックは、すばらしい大会《たいかい》でした。私《わたし》は、この成功《せいこう》は、障害《しょうがい》をもたない人《ひと》たちの理解《りかい》によってもたらされたと思《おも》います。

どれほどの障害《しょうがい》のない人《ひと》が、『障害者《しょうがいしゃ》』を心《こころ》から理解《りかい》できるでしょうか？

このことが、東京《とうきょう》パラリンピックがロンドンと同《おな》じように大成功《だいせいこう》するかどうかの、たいへん重要《じゅうよう》なポイントだと思《おも》います。

みなさんに、障害《しょうがい》の『社会《しゃかい》モデル』についてわかっていただき、『障害者《しょうがいしゃ》』とは何《なに》か、新《あたら》しい角度《かくど》から見《み》ていただけたら、と思《おも》います。

二〇二〇年《ねん》の東京《とうきょう》パラリンピックまであと五年《ねん》しかありませんが、この考《かんが》え方《かた》が広《ひろ》まってくれたらいいなと願《ねが》っています。

大切《たいせつ》なことは、よく知《し》らないままに人《ひと》を判断《はんだん》しないこと、そして、人《ひと》はみんなそれぞれちがいがある特別《とくべつ》な存在《そんざい》なのだと、理解《りかい》して受《う》けいれることです。社会《しゃかい》が障害者《しょうがいしゃ》をつくりだすなら、その社会《しゃかい》が障害者《しょうがいしゃ》をなくすことだって、できるにちがいありません。」

メイはみごとに優勝《ゆうしょう》しました。メイのスピーチは、審査員《しんさいん》や観客《かんきゃく》の心《こころ》をしっかりとらえるものでした。

京都《きょうと》の高校《こうこう》にもどると、思《おも》い出《で》いっぱいの中庭《なかにわ》でお祝《いわ》い会《かい》を開《ひら》いてくれました。同級生《どうきゅうせい》や下級生《かきゅうせい》、水泳部《すいえいぶ》の仲間《なかま》たちのいっぱいの笑顔《えがお》。かけつけてくれたＰＴＡ《ピーティーエー》の役員《やくいん》、自《みずか》ら花束《はなたば》をわたしてくれた校長先生《こうちょうせんせい》。

たくさんの拍手《はくしゅ》につつまれ、メイは優勝記念《ゆうしょうきねん》としてもう一度《いちど》、英語《えいご》で「障害《しょうがい》って何《なに》？」を語《かた》りました。

校庭《こうてい》の桜《さくら》のつぼみが、固《かた》く小《ちい》さくふくらんでいました。あと一か月《げつ》でこの高校《こうこう》とお別《わか》れです。

メイちゃんの
メイ言《げん》
4

『iPS《アイピーエス》細胞《さいぼう》があるから。』って、なんやねん

通《とお》りすがりに、私《わたし》の右腕《みぎうで》を見《み》た人《ひと》から、「iPS細胞《アイピーエスさいぼう》があるからだいじょうぶや」と、いわれたことがある。

「いずれはiPS細胞《アイピーエスさいぼう》を使《つか》った治療《ちりょう》で、短《みじか》い腕《うで》も長《なが》くできるから安心《あんしん》せい」と、はげましてるつもりなんかな？

『人《ひと》とちがうところは治《なお》して、「普通《ふつう》」になれ。』それこそが障害者《しょうがいしゃ》をつくりだしている考《かんが》え方《かた》。

社会《しゃかい》のサポートが整《ととの》えば、不便《ふべん》なことはなくなり、「障害《しょうがい》」ではなくなるのに。

日本はまだまだ個人《こじん》モデルの国《くに》やなあ。

第《だい》11章《しょう》 一日《にち》一万《まん》メートルの練習《れんしゅう》

四月《がつ》。大《おお》きな講堂《こうどう》をうめつくす新入生《しんにゅうせい》の前《まえ》に、メイは立《た》ちました。大学《だいがく》の入学《にゅうがく》式《しき》での、新入生代表《しんにゅうせいだいひょう》のあいさつです。

「私《わたし》は、競泳《きょうえい》の選手《せんしゅ》です。来年《らいねん》のリオデジャネイロと二〇二〇年《ねん》の東京《とうきょう》パラリンピックに出場《しゅつじょう》し、メダルをとるという夢《ゆめ》があります……。」

メイが入学《にゅうがく》したのは、大阪府東大阪市《おおさかふひがしおおさかし》の、近畿大学経営学部《きんきだいがくけいえいがくぶ》です。

進路《しんろ》については、かなり迷《まよ》いました。

メイは中学生《ちゅうがくせい》のころから、建物《たてもの》のデザインや設計《せっけい》を学《まな》ぶ建築学《けんちくがく》に興味《きょうみ》がありました。

（プールや建物《たてもの》のデザインをしてみたいな。）

高校《こうこう》では二年生《ねんせい》から英文系《えいぶんけい》の中《なか》の理科系受験《りかけいじゅけん》のコースに進《すす》みました。水泳《すいえい》の練《れん》習《しゅう》と遠征《えんせい》がたび重《かさ》なり、勉強《べんきょう》はたいへんでしたが、建築《けんちく》を学《まな》べる大学《だいがく》への入学《にゅうがく》も視野《しや》に入《い》れていました。

しかし、京都《きょうと》の数多《かずおお》くの大学《だいがく》の中《なか》でも、競泳《きょうえい》と建築学《けんちくがく》、両立《りょうりつ》できそうな大学《だいがく》が、なかなか見《み》つかりません。関東《かんとう》にはあるようでしたが、メイは関西《かんさい》にいて、そこから自分《じぶん》の思《おも》いを発信《はっしん》したいと考《かんが》えていました。

メイは迷《まよ》いました。水泳《すいえい》をとるか、勉強《べんきょう》をとるか。

参考《さんこう》にしたのは、母《はは》、トシ美《み》さんの生《い》き方《かた》でした。トシ美《み》さんは四十歳《さい》を過《す》ぎてから、イギリスの大学院《だいがくいん》に留学《りゅうがく》しています。

（そうや、勉強《べんきょう》は後《あと》からでもできる！　今《いま》は水泳《すいえい》で世界《せかい》を目指《めざ》そう。）

メイは進路《しんろ》を、大阪《おおさか》にある近畿大学《きんきだいがく》に定《さだ》めました。

この大学《だいがく》はスポーツがさかんで、たくさんのプロ野球選手《やきゅうせんしゅ》や大相撲《おおずもう》の力士《りきし》、またオリンピック出場選手《しゅつじょうせんしゅ》の出身校《しゅっしんこう》です。

水上競技《すいじょうきょうぎ》部《ぶ》の監督《かんとく》は、二〇〇四年《ねん》アテネオリンピックバタフライ銀《ぎん》メダリストの山本貴司《やまもとたかし》さん。そこから中尾美樹《なかおみき》さん、寺川綾《てらかわあや》さん、入江陵介《いりえりょうすけ》さん、中西悠子《なかにしゆうこ》さん、奥村幸大《おくむらよしひろ》さんら、オリンピックメダリストが巣立《すだ》っています。五〇メートルの温水《おんすい》プールがあり、公式試合用《こうしきしあいよう》のスタート台《だい》もそろっています。

残念《ざんねん》ながら、パラリンピック経験者《けいけんしゃ》はいませんが、山本監督《やまもとかんとく》はじめ、コーチやほかの先輩選手《せんぱいせんしゅ》も、メイを分《わ》けへだてなくむかえいれてくれました。

「よう来《き》てくれたなあ！」

(ここでがんばろう。リオを目指《めざ》そ！)

しかし、メイの大学生活《だいがくせいかつ》は、想像以上《そうぞういじょう》にきびしいものとなりました。

高校《こうこう》の水泳部《すいえいぶ》とは、まるで練習量《れんしゅうりょう》がちがいます。練習《れんしゅう》は早朝《そうちょう》と夕方《ゆうがた》の一日《にち》二回《かい》、一回《かい》に二時間《じかん》ほどで、一日四時間《じかん》。休《やす》みの日《ひ》もありますが、一週間《しゅうかん》で十回《かい》の練習《れんしゅう》

1日《にち》1万《まん》メートル！　大学入学後《だいがくにゅうがくご》の練習時間《れんしゅうじかん》は、高校時代《こうこうじだい》の2倍《ばい》にもなります。

を行《おこな》います。

一日《にち》に泳《およ》ぐきょりは一万《まん》メートル前後《ぜんご》、これは五〇メートルプールを百回《かい》も往復《おうふく》するきょりで、高校《こうこう》時代《じだい》の二倍《ばい》でした。

飛《と》びこんで五〇メートル泳《およ》ぎ、ターンして五〇メートル泳《およ》ぎ、もどる、上《あ》がる、またすぐに飛《と》びこんで五〇メートル泳《およ》ぐ……。二時間《じかん》、ほとんど水《みず》の中《なか》です。

フィン（足《あし》ひれ）や、プルブイなどの練習用具《れんしゅうようぐ》を使《つか》って、負荷《ふか》を強《つよ》くして泳《およ》ぐトレーニングもあります。

スタートして、ターン、ゴール、行《い》って帰《かえ》って、行《い》って帰《かえ》って。だんだんつらくなってきます。

（がんばれ、メイ！　しんどいときこそ自分《じぶん》のフォームを意識《いしき》して、むだな動《うご》きをしていないか、チェック。）

わかっていても、苦《くる》しいときは何《なに》も考《かんが》えられません。

早朝練習《そうちょうれんしゅう》は六時半《じはん》からですが、メイは一年生《ねんせい》なので、五時《じ》四十五分《ふん》にプールに来《き》て、掃除《そうじ》や練習《れんしゅう》の準備《じゅんび》をします。練習後《れんしゅうご》には後片《あとかた》づけがあります。

日中《にっちゅう》は、大学《だいがく》の授業《じゅぎょう》が何時間《なんじかん》もあります。

京都《きょうと》の家《いえ》から大学《だいがく》は遠《とお》いので、メイは大学《だいがく》の近《ちか》くにアパートを借《か》りて一人《ひとり》ぐらしを始《はじ》めました。食事《しょくじ》のしたくやせんたくなども、自分《じぶん》でやらなければなりません。

早朝《そうちょう》の練習《れんしゅう》でくたくたになった後《あと》の授業《じゅぎょう》は、疲《つか》れてねむくなってしまいます。いったんアパートに帰《かえ》って仮眠《かみん》をとるなどの工夫《くふう》をして、乗《の》りきるようにしました。

練習量《れんしゅうりょう》の多《おお》さや、日常《にちじょう》のいそがしさのほかにも、メイをとまどわせることがありました。

それは、先輩後輩《せんぱいこうはい》という上下関係《じょうげかんけい》のきびしさや、部内《ぶない》でのしきたりでした。先輩《せんぱい》にはきっちりとした敬語《けいご》を使《つか》うことや、あいさつを徹底《てってい》することなどです。運動部《うんどうぶ》としてはめずらしいことではなく、また一般社会《いっぱんしゃかい》でも役《やく》に立《た》つことではありますが、自由《じゆう》な校風《こうふう》で上下関係《じょうげかんけい》もゆるやかな高校出身《こうこうしゅっしん》のメイは、なれるのに時間《じかん》がかかりました。

水上競技部員《すいじょうきょうぎぶいん》は、名《な》だたるスイミングスクールで強化選手《きょうかせんしゅ》として何年《なんねん》も競泳《きょうえい》をしてきた人《ひと》がほとんどです。

けれどもメイは、近大水上競技部《きんだいすいじょうきょうぎぶ》でたった一人《ひとり》のパラ水泳選手《すいえいせんしゅ》です。これまでの水泳経験《すいえいけいけん》のちがいから、話《はなし》についていけないこともありました。学部内《がくぶない》で友《とも》だちをつくりたくても、プールとアパートと教室《きょうしつ》との行《い》ったり来《き》たりで、ゆっくりおしゃべりする時間《じかん》もありません。

（私《わたし》、部活《ぶかつ》でも教室《きょうしつ》でも、浮《う》いてる？）

そんな思《おも》いにとらわれ、さびしさを感《かん》じる日々《ひび》が多《おお》くなりました。

メイの息《いき》ぬきは、練習《れんしゅう》が休《やす》みの日《ひ》に京都《きょうと》の家《いえ》に帰《かえ》り、高校時代《こうこうじだい》の友人《ゆうじん》とおしゃべりしたり、母《はは》のトシ美《み》さんの手料理《てりょうり》を楽《たの》しむことでした。

トシ美《み》さんは、イギリスの伝統料理《でんとうりょうり》なども得意《とくい》で、メイはコーニッシュパスティ（小《ちい》さなミートパイ）が大好物《だいこうぶつ》でした。

日曜日《にちようび》の夕方《ゆうがた》、メイは、トシ美《み》さんが持《も》たせてくれたたくさんのおかずをずっしりとかかえて、大阪《おおさか》にもどっていきました。

一食分《しょくぶん》ずつ小分《こわ》けして密閉容器《みっぺいようき》に入《い》れてくれた、具《ぐ》だくさんの味噌汁《みそしる》。豚《ぶた》キムチや卵《たまご》でとじるばかりになっている親子丼《おやこどん》の具《ぐ》。

まだほかほかと温《あたた》かいつつみをかかえていると、このまま京都《きょうと》にいたくて、バスの中《なか》で声《こえ》を上《あ》げて泣《な》いたことさえありました。

けれども、水着《みずぎ》を着《き》てプールに出《で》ると、メイはいつも笑顔《えがお》をとりもどしていました。落《お》ちこんでいては、泳《およ》げません。

（やっぱり、泳《およ》ぐの好《す》きやもん。タイム上《あ》がるん、うれしいし。）

プールのかべには、こんなことばがかざってあります。

「勝《か》たなおもろない!!」

勝《か》たなければおもしろくない——これは、山本監督《やまもとかんとく》が子《こ》どものころ、コーチからいわれたことばだそうです。山本監督《やまもとかんとく》は選手《せんしゅ》たちにこう話《はな》します。

「ほかの学生《がくせい》がまだねむっていたり、遊《あそ》んでいたりする時間《じかん》に、練習練習《れんしゅうれんしゅう》の毎日《まいにち》や。がまんすることも多《おお》い。だからこそ、勝《か》たな、おもろないやろ？」

（そのとおりや。今《いま》はつらいときもあるけれど、乗《の》りこえよう。乗《の》りこえられる！）

一年生部員《いちねんせいぶいん》どうしで仲《なか》よくなり、はげましあううちに、メイは元気《げんき》をとりもどしていきました。

近畿大学水上競技部監督《きんきだいがくすいじょうきょうぎぶかんとく》
山本貴司《やまもとたかし》さん
から
ひと言《こと》

トップアスリートになる準備《じゅんび》ができている

メイは、部《ぶ》でたった一人《ひとり》のパラスイマーやのに、よくここに飛《と》びこんできたと思《おも》うわ。彼女《かのじょ》は、自分《じぶん》はどういう選手《せんしゅ》になりたいか考《かんが》え、想像《そうぞう》し、それに向《む》かって練習《れんしゅう》をしていく選手《せんしゅ》。強《つよ》くなることを想像《そうぞう》してワクワクし、しんどい練習《れんしゅう》でも楽《たの》しいと思《おも》えるタイプや。

トップアスリートになる準備《じゅんび》は、すでにできていたんやね。

第《だい》12章《しょう》

義手《ぎしゅ》トレーニング

「メイ！　右肩《みぎかた》、右腕《みぎうで》の筋肉《きんにく》を強化《きょうか》しよう。そうすればもっと速《はや》くなるで。ウエイトトレーニング、やろう。」

入学《にゅうがく》して間《ま》もないころ、監督《かんとく》がそう提案《ていあん》しました。

水《みず》をかくとき、手《て》のひらのない右腕《みぎうで》は、水《みず》の抵抗《ていこう》をあまり受《う》けないので負担《ふたん》がかからず、筋肉《きんにく》がなかなかつきません。逆《ぎゃく》に左肩《ひだりかた》や左腕《ひだりうで》に筋肉《きんにく》が多《おお》くついてしまい、結局体《けっきょくからだ》のバランスが悪《わる》くなります。そのため、メイはこれまで体《からだ》の軸《じく》を少《すこ》しずらし、右腕《みぎうで》をやや外側《そとがわ》に向《む》けて水《みず》をかいていました。しかし、バタフライや平《ひら》泳《およ》ぎは、左右対称《さゆうたいしょう》に泳《およ》がないと失格《しっかく》になることもあります。

ウエイトトレーニングは筋力《きんりょく》をつけるのに効果《こうか》がありますが、メイの右手《みぎて》でできるトレーニングは、あまりありません。

「そやからな、義手《ぎしゅ》をつけるんや。」

監督《かんとく》の提案《ていあん》に、メイは驚《おどろ》きました。

「義手《ぎしゅ》？　どんなんですか。」

さっそく、義肢装具《ぎしそうぐ》メーカー「中村《なかむら》ブレイス」（島根県大田市《しまねけんおおだし》）の中村俊郎《なかむらとしろう》さん、中村宣郎《なかむらのぶろう》さん、技術者《ぎじゅつしゃ》の那須誠《なすまこと》さんに会《あ》うことになりました。

三人《にん》は大学《だいがく》まで来《き》て、メイの腕《うで》の状態《じょうたい》と希望《きぼう》を、ていねいに聞《き》いてくれました。

「ウエイトトレーニングにたえられる強《つよ》さの義手《ぎしゅ》だね。よし、やってみよう。見《み》た目《め》はどんなのがいい？　本物《ほんもの》そっくりの腕《うで》をつくることもできるよ。」

那須《なす》さんがメイに問《と》いかけました。

「中村《なかむら》ブレイス」の那須《なす》さんの工房《こうぼう》には、本物《ほんもの》と見分《みわ》けのつかない「腕《うで》」「足《あし》」

や「指《ゆび》」がならんでいます。あまりのリアルさに、ぎょっとするほどです。

メイは笑《わら》って首《くび》を横《よこ》にふり、

「私《わたし》は、本物《ほんもの》っぽいものはいりません。」

(右腕《みぎうで》が短《みじか》いのが、自分《じぶん》にはあたりまえやもん。いきなり本物《ほんもの》みたいなんつけるの、落《お》ちつかへん。)

できあがってきた義手《ぎしゅ》は、機能性《きのうせい》にてっしたシンプルなものでした。左手《ひだりて》とほぼ同《おな》じ長《なが》さのふくろ状《じょう》のシリコーンゴム製《せい》で、二重構造《にじゅうこうぞう》になっています。それを右《みぎ》腕《うで》にかぶせるようにぴったり装着《そうちゃく》すると、真空状態《しんくうじょうたい》となり、トレーニング中《ちゅう》にはずれることはありません。先端《せんたん》はフックがつけられるようになっています。

このフックを使《つか》っておもりのついたロープを引《ひ》いたり、重《おも》いボールをたたきおとしたりして、左腕《ひだりうで》と同《おな》じ負荷《ふか》をかけたトレーニングをすることができます。

メイは、水上競技部《すいじょうきょうぎぶ》の一週間《しゅうかん》に十回《かい》の練習《れんしゅう》のうち、夕方《ゆうがた》二回《かい》をウエイトトレーニングにあてることになりました。

義手《ぎしゅ》をつけて、右腕《みぎうで》をきたえるトレーニング。

重《おも》たいボールをたたきおとすトレーニング。左右《さゆう》、同《おな》じような力《ちから》が入《はい》ります。

ダンベルを持《も》ちあげたり、おもりのついた板《いた》を足《あし》でおしたり、今《いま》、どこの筋肉《きんにく》を動《うご》かしているかを意識《いしき》しながら、一時間半《じかんはん》、右腕《みぎうで》をふくめ全身《ぜんしん》の筋肉《きんにく》をきたえます。メイの右腕《みぎうで》や右肩《みぎかた》、背中《せなか》は、だんだん筋肉《きんにく》がついて、たくましくなっていきました。

七月《がつ》にイギリスのグラスゴーで開催《かいさい》された障害者競泳世界選手権《しょうがいしゃきょうえいせかいせんしゅけん》では、得意《とくい》の二〇〇メートル個人《こじん》メドレーで、全《ぜん》八種目中《しゅもくちゅう》ゆいいつ決勝《けっしょう》に残《のこ》りましたが、八位《い》に終《お》わりました。しかし、一〇〇メートル背泳《せおよ》ぎで一分《ぷん》十八秒《びょう》九七、五〇メートル自由形《じゆうがた》で三十一秒《びょう》一一、この二種目《しゅもく》では日本新記録《しんきろく》となりました。

九月《がつ》に東京《とうきょう》で開催《かいさい》されたジャパンパラ水泳競技大会《すいえいきょうぎたいかい》では、二〇〇メートル個人《こじん》メドレーは二分《ふん》五十秒《びょう》一九、五〇メートル自由形《じゆうがた》は三十一秒《びょう》五一、この二種目《しゅもく》で一位《い》を獲得《かくとく》しました。

同《おな》じ年《とし》の十一月《がつ》に、宮城県《みやぎけん》で日本身体障《しんたいしょう》がい者水泳選手権大会《しゃすいえいせんしゅけんたいかい》が行《おこな》われ、こちらも二〇〇メートル個人《こじん》メドレー二分《ふん》四十九秒《びょう》三〇、五〇メートル自由形《じゆうがた》三十一秒《びょう》四八、二種目《しゅもく》で一位《い》となりました。

しかし、メイは不安《ふあん》でした。

ブラジルのリオデジャネイロパラリンピックは、次《つぎ》の夏《なつ》。二〇〇メートル個人《こじん》メドレーの参加標準記録《さんかひょうじゅんきろく》は突破《とっぱ》できたものの、日本代表《だいひょう》の派遣標準記録《はけんひょうじゅんきろく》になると思《おも》われていた世界《せかい》八位《い》の記録《きろく》には、どの大会《たいかい》の記録《きろく》も届《とど》いていないのです。

（なんでやろ。こんなにいっしょけんめい、やってるのに。）

監督《かんとく》がはげましました。

「だいじょうぶや。左右《さゆう》で筋力《きんりょく》がそろってきて、泳《およ》ぎが大《おお》きくなった。右腕《みぎうで》が外側《そとがわ》にずれなくなってきている。今《いま》はがまんのときや。もうすぐ急《きゅう》にどーんと伸《の》びる時期《じき》が来《く》るで。」

（ほんまかなあ。それなら早《はや》くそのときが来《き》てほしい！）

リオデジャネイロパラリンピックの代表選手《だいひょうせんしゅ》は、二〇一六年《ねん》三月《がつ》の「春季静岡《しゅんきしずおか》水泳記録会《すいえいきろくかい》」の結果《けっか》により決定《けってい》されます。

今回《こんかい》は、ロンドンパラリンピックのようにいくつかの公式試合《こうしきじあい》での結果《けっか》から推《すい》せんされ決定《けってい》するのではなく、この一度《ど》の選考会《せんこうかい》の成績《せいせき》で決《き》まることになっていました。派遣標準記録《はけんひょうじゅんきろく》を突破《とっぱ》すると、すぐに内定《ないてい》となり、その記録《きろく》に足《た》りない選《せん》手《しゅ》たちは、世界《せかい》ランキング三位《い》の選手《せんしゅ》に対《たい》して何《なん》パーセントの速《はや》さにあたるかで、数値《すうち》の高《たか》い選手《せんしゅ》から代表内定《だいひょうないてい》が決《き》まっていく、新《あたら》しい方法《ほうほう》が取《と》りいれられました。

ロンドンパラリンピックをのがしたくやしさ、ナポリのプールサイドで大泣《おおな》きした思《おも》い出《で》が胸《むね》をよぎります。

(今度《こんど》こそ！　リオへ行《い》く。)

冬《ふゆ》になったころ、メイは取材《しゅざい》を受《う》けることが多《おお》くなりました。新聞《しんぶん》や雑誌《ざっし》、インターネットのウェブサイトなどで、「リオパラリンピック代表期待《だいひょうきたい》の星《ほし》」などと書《か》かれることもあります。

(これでリオに行《い》けなかったら……。ほんまに実力《じつりょく》、ついているんかなあ……。)

プレッシャーでねむれない夜《よる》がありました。

がんばって練習《れんしゅう》しても、ほかの部員《ぶいん》と同《おな》じようなスピードで泳《およ》ぎつづけようとすると、体《からだ》に負担《ふたん》がかかります。気持《きも》ちばかりあせり、自分《じぶん》の納得《なっとく》のいく練習《れんしゅう》ができません。

メイは調子《ちょうし》を落《お》としていきました。

思《おも》いあまってコーチに相談《そうだん》し、練習方法《れんしゅうほうほう》を変《か》えることにしました。泳《およ》ぎきょりは変《か》えませんが、練習《れんしゅう》する時間帯《じかんたい》をほかの部員《ぶいん》とずらし、一人《ひとり》でじっくりとフォームを確認《かくにん》しながら泳《およ》ぐようにしました。

寒《さむ》さがきびしくなるころ、ようやくメイは調子《ちょうし》を取《と》りもどしてきました。これまでよりも水《みず》が軽《かる》くなってきた感《かん》じがします。泳《およ》ぎながら、自分《じぶん》が今《いま》、どんな動《うご》きをしているかが、わかります。

(いい感《かん》じや！　今《いま》、めっちゃ自分自身《じぶんじしん》に期待《きたい》できる。記録会《きろくかい》が楽《たの》しみになってきた！)

メイの体中《からだじゅう》に、力《ちから》がみなぎってきました。

中村《なかむら》ブレイス
義肢製作者《ぎしせいさくしゃ》
那《な》須《す》誠《まこと》さん
から
ひと言《こと》

義手《ぎしゅ》による新《あたら》しい
トレーニングの道《みち》が開《ひら》けた

事故《じこ》や病気《びょうき》で体《からだ》の一部《ぶ》を失《うしな》った人《ひと》のために、義肢《ぎし》（義手《ぎしゅ》や義足《ぎそく》など）をつくりつづけて21年《ねん》。これまでにつくった義肢《ぎし》は、およそ5000人分《にんぶん》です。

今回《こんかい》、義手《ぎしゅ》をつくるときのメイさんの希望《きぼう》は、「鉄《てつ》パイプみたいなやつがいい」。

本物《ほんもの》の腕《うで》に見《み》える義手《ぎしゅ》でなくていいのか、とびっくりしましたが、義手《ぎしゅ》トレーニングによって力《ちから》をつけたい、強《つよ》くなりたいという固《かた》い意志《いし》を感《かん》じました。

それならば、自分《じぶん》のもつ技術《ぎじゅつ》のすべてを注《そそ》いで、きびしいトレーニングに耐《た》えられる義手《ぎしゅ》をつくってあげたいと思《おも》いました。とはいえ、手本《てほん》となるものは何《なに》もなく、一《いち》からの製作《せいさく》でした。メイさんが、この義手《ぎしゅ》によるトレーニングで筋力《きんりょく》をつけて、自己《じこ》ベストを更新《こうしん》したときは、うれしかったですね。

第《だい》13章《しょう》 リオへの「ワンパ」

二〇一六年《ねん》三月六日《がつむいか》、春季静岡水泳記録会《しゅんきしずおかすいえいきろくかい》の日《ひ》がきました。会場《かいじょう》は、静岡県富《しずおかけんふ》士市《じし》の富士水泳場《ふじすいえいじょう》。次々《つぎつぎ》に、選手《せんしゅ》たちやそのおうえん団《だん》が到着《とうちゃく》します。

母《はは》のトシ美《み》さんは、マイクロバスをチャーターして、二十人《にん》ものメイの京都《きょうと》の友人《ゆうじん》を乗《の》せ、会場《かいじょう》までおうえんに来《き》てくれました。

「メイ、落《お》ちついてね！」

「メイちゃん！　がんばって！」

トシ美《み》さんのいつもの笑顔《えがお》、友人《ゆうじん》たちのはげましに、メイは笑顔《えがお》で手《て》を振《ふ》りました。

数十人《すうにん》の若《わか》い男女《だんじょ》の一団《いちだん》がやってきました。見覚《みおぼ》えのある人《ひと》ばかり、いいえ、毎日会《まいにちあ》っている人《ひと》たちばかりです。

「あれっ？　えーーっ？」

近畿大学水上競技部《きんきだいがくすいじょうきょうぎぶ》の五十名《めい》ほどの部員全員《ぶいんぜんいん》が、メイに知《し》らせないまま、大阪《おおさか》から静岡《しずおか》までおうえんにかけつけてくれたのです。

「メイ！　しっかりやれよ！」

「先輩《せんぱい》！　みんな！　ありがとうございます！　うれしいです！」

思《おも》ってもみなかったサプライズに、メイの目《め》になみだが浮《う》かびました。

メイは大学《だいがく》に入学《にゅうがく》してから、一度《ど》だけ大学生《だいがくせい》の大会《たいかい》に出場《しゅつじょう》しましたが、その後《ご》はメイ自身《じしん》の試合《しあい》や合宿《がっしゅく》がいつも大学《だいがく》の試合《しあい》と重《かさ》なり、出場《しゅつじょう》できないままでした。

それに、水上競技部員《すいじょうきょうぎぶいん》は自分《じぶん》たちの試合《しあい》や練習《れんしゅう》でいそがしく、メイの大会《たいかい》に足《あし》を運《はこ》ぶ機会《きかい》は、なかなかおとずれませんでした。

（私《わたし》も、みんなのおうえんの中《なか》を泳《およ》いでみたいなあ。）

それがメイのひそかな願《ねが》いだったのです。

（うれしい、めっちゃうれしい！　よっしゃ！　がんばる。）

いよいよメイの得意種目《とくいしゅもく》、女子《じょし》二〇〇メートル個人《こじん》メドレー決勝《けっしょう》です。

プールの召集所《しょうしゅうじょ》に待機《たいき》しているときに、二階《かい》の観覧席《かんらんせき》から聞《き》こえてきたのは、「ワンパ」。大学《だいがく》の水泳部《すいえいぶ》などで行《おこな》う独特《どくとく》のおうえん法《ほう》で、全員《ぜんいん》で輪《わ》になりメガホンを使《つか》って大《おお》きく声《こえ》をかけあいます。

「勝《か》つのはーだれだー？」

「メ・イー！！」

「行《い》くのはーどこだー？」

「リ・オー！」

「勝《か》つのはーどこだー？」

「き・ん・だ・い！」*

＊近畿《きんき》大学《だいがく》のこと。

（いつものワンパや！）

メイの胸《むね》が熱《あつ》くなりました。

スタートの時間《じかん》です。

「第四《だい》コース、近畿大学《きんきだいがく》、一ノ瀬《いちのせ》メイさん。」

うおーーっというどよめき、メガホンをたたく音《おと》。近畿大学《きんきだいがく》のおうえん席《せき》は大《おお》盛《も》りあがりです。

（みんな、ありがとう！）

「よーい。」

メイは、飛《と》びこみ台《だい》の上《うえ》で、大《おお》きく息《いき》を吸《す》いこみました。

「ピッ。」

スタートの合図音《あいずおん》。メイは青《あお》い水《みず》の中《なか》へ、飛《と》びこんでいきました。全身《ぜんしん》のばねが躍動《やくどう》します。

まず、バタフライ。五〇メートルでターンして、背泳《せおよ》ぎ。再《ふたた》びターンをして平《ひら》泳《およ》ぎ。

メイは、水《みず》の中《なか》をすべるように進《すす》んでいきます。むだな動《うご》きは一つもありません。

最後《さいご》のターンの後《あと》は、自由形《じゆうがた》。メイはクロールでゴールに向《む》けて突《つ》きすすみました。この一年近《ねんちか》く、義手《ぎしゅ》トレーニングできたえた右腕《みぎうで》が、力強《ちからづよ》く水《みず》をかきます。

あと二十メートル、十メートル、五メートル！

一番《いちばん》にゴールしたのは、メイでした。

水《みず》から顔《かお》を上《あ》げると、大学《だいがく》の先輩《せんぱい》や仲間《なかま》たちが、メガホンを打《う》ちならし、「メイ！メイ！」とさけんでいます。高校《こうこう》の友人《ゆうじん》た

仲間《なかま》のおうえんの中《なか》、スタート！（2016年《ねん》、春季静岡水泳記録会《しゅんきしずおかすいえいきろくかい》リオデジャネイロパラリンピック派遣選手選考戦《はけんせんしゅせんこうせん》）

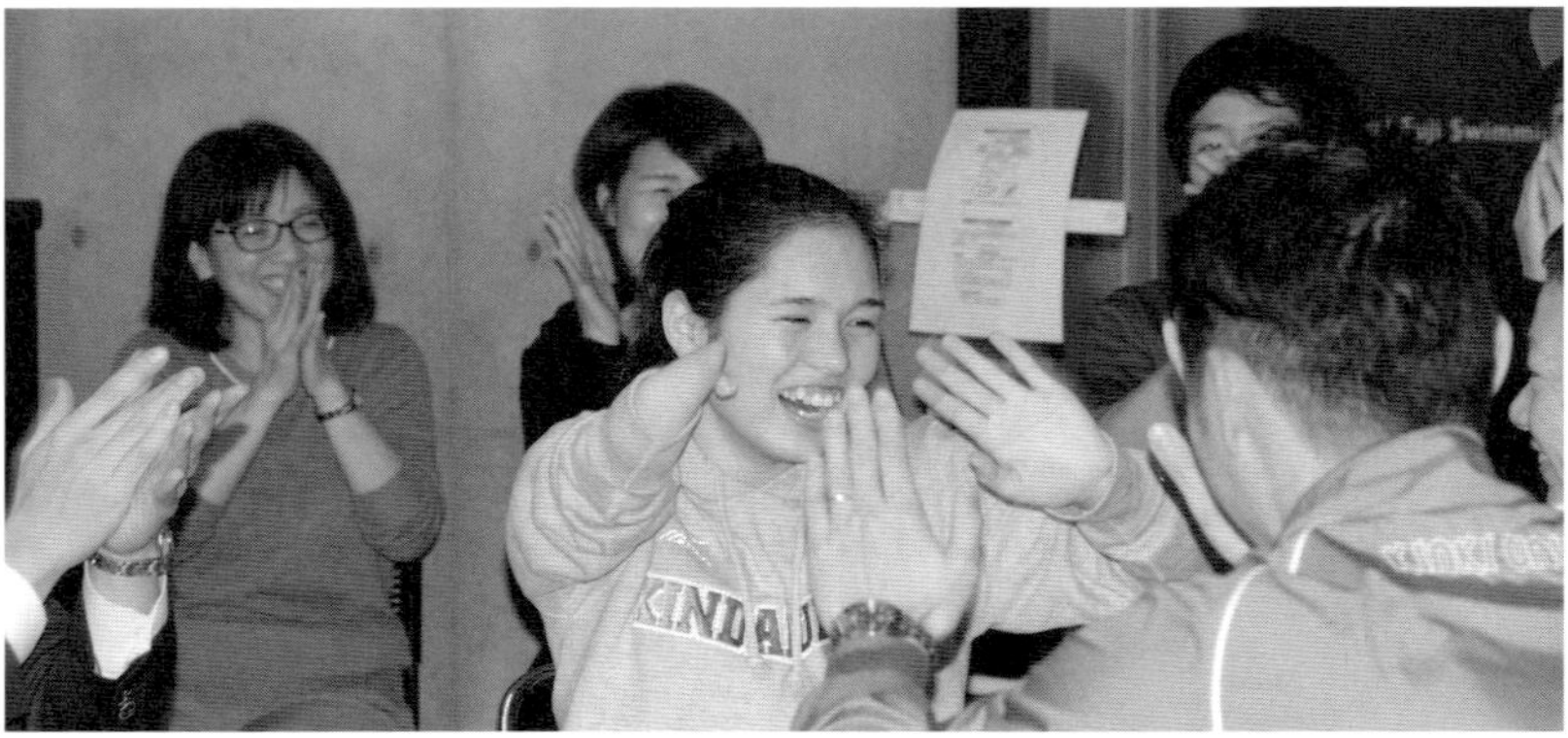

リオパラリンピック出場決定《しゅつじょうけってい》！　よろこびのハイタッチ！

ちが立《た》ちあがって泣《な》き笑《わら》いしながら拍手《はくしゅ》をしています。トシ美《み》さんがコーチたちとだきあって歓声《かんせい》を上《あ》げています。

メイは大《おお》きく手《て》をふりかえしました。

（やった！　リオに行《い》ける！）

記録《きろく》は、二分《ふん》四十一秒《びょう》三五。メイ自身《じしん》がもっていた日本記録《きろく》を四秒《びょう》一六も上回《うわまわ》るものでした。メイの記録《きろく》は、実《じつ》は大会《たいかい》派遣標準《はけんひょうじゅん》記録《きろく》に〇秒《びょう》七一届《とど》いていませんでしたが、記録会《きろくかい》に引《ひ》きつづいて開《ひら》かれた会議《かいぎ》で推《すい》せんが決定《けってい》されたのです。

六月《がつ》二十四日《か》、推《すい》せんを受《う》けていた選手《せんしゅ》たちは、みな正式《せいしき》に代表《だいひょう》が決定《けってい》され、リオパラリンピックでともに戦《たたか》う仲間《なかま》は、十九人《にん》。

その中《なか》には、仲《なか》よしのライバル、森下友紀選手《もりしたゆうきせんしゅ》や、先輩《せんぱい》の山田拓朗選手《やまだたくろうせんしゅ》もいます。

（みんなでリオへ行《い》けるなんて、めっちゃうれしい！　いっしょにがんばろう。）

リオデジャネイロの青空《あおぞら》を思《おも》いうかべるメイでした。

四月《しがつ》。メイは大学二年生《だいがくねんせい》となり、ますます充実《じゅうじつ》した日々《ひび》を送《おく》るようになりました。

楽《たの》しみにしている講義《こうぎ》もあり、学部内《がくぶない》で友人《ゆうじん》もたくさんできました。

また、水泳部《すいえいぶ》の寮《りょう》が新《あたら》しくつくられたことで、食事《しょくじ》のしたくの心配《しんぱい》がなくなり、食《た》べることの大好《だいす》きなメイは大助《おおだす》かりでした。

九月《がつ》のリオデジャネイロパラリンピックが近《ちか》づくにつれて、毎日《まいにち》の練習《れんしゅう》、遠征《えんせい》に加《くわ》え、取材《しゅざい》を受《う》けることも増《ふ》えました。パラリンピックへの関心《かんしん》は、以前《いぜん》よりは強《つよ》くなってきたようです。テレビ番組《ばんぐみ》などで紹介《しょうかい》されることも増《ふ》えました。

けれども、オリンピックへの熱気《ねっき》とは、まだまだ大《おお》きな差《さ》がある、とメイはさびしい気持《きも》ちになることがあります。

(もっと注目《ちゅうもく》してほしい！　私《わたし》たちのもつパワーを知《し》って、パラスポーツを楽《たの》しんで観《み》てくれたらいいな。そのためには、リオでしっかり、いい泳《およ》ぎせな。)

メイは、高校時代《こうこうじだい》を思《おも》いだしました。

(『私《わたし》はなんで、毎日泳《まいにちおよ》いでるんやろ』と悩《なや》んでいたころもあったなあ。今《いま》ならいえる。私《わたし》が泳《およ》ぐのは自分《じぶん》のためだけじゃない。自分《じぶん》の思《おも》いを発信《はっしん》して、ちょっとでも未来《みらい》を変《か》えたいからや。)

障害《しょうがい》に対《たい》する社会《しゃかい》の目《め》を、変《か》えたい。腕《うで》が短《みじか》いから障害者《しょうがいしゃ》、だから何《なに》もできないだろう、というイメージをくつがえしたい。そして、「社会《しゃかい》が障害《しょうがい》をつくっている」という考《かんが》え方《かた》を、知《し》ってほしい。

そんなメイの願《ねが》いは、いつも胸《むね》にあふれています。

（人《ひと》によって、いろいろなやり方《かた》があるけど、私《わたし》の場合《ばあい》は、泳《およ》ぐこと。泳《およ》ぐことが、発信《はっしん》や。）

メイの願《ねが》いは、青《あお》い水《みず》に乗《の》せて、今日《きょう》も送《おく》りだされていきます。

左腕《ひだりうで》、そして短《みじか》い右腕《みぎうで》からくりだす、力強《ちからづよ》いひとかきひとかきによって。

一ノ瀬《いちのせ》メイ選手《せんしゅ》からのメッセージ

読者《どくしゃ》のみなさんへ

私《わたし》がパラリンピックの存在《そんざい》をはっきりと意識《いしき》しだしたのは七歳《さい》のころ。そのころはパラリンピックのことを知《し》っている人《ひと》はほとんどいませんでした。

けれども、今《いま》では二〇二〇東京《とうきょう》パラリンピックも決《き》まり、当時《とうじ》は想像《そうぞう》もできなかったぐらい大勢《おおぜい》の人《ひと》たちが知《し》ってくれて、興味《きょうみ》をもってくれています。

そして、私《わたし》が七歳《さい》のころからの十二年《ねん》で、障害者《しょうがいしゃ》に対《たい》する感《かん》じ方《かた》も変《か》わってきたと思《おも》います。

この変化《へんか》はどこから来《き》たのだろうと考《かんが》えたとき、それはみんなが「知《し》った」、からだと思《おも》うのです。

時間《じかん》はかかるけれども、これからも私《わたし》は多《おお》くの人《ひと》に私《わたし》のメッセージを伝《つた》えて「知《し》って」もらいたいと思《おも》うのです。

そして私《わたし》が、今《いま》のところ一番上手《いちばんじょうず》にみんなにメッセージを伝《つた》えられる方法《ほうほう》は水泳《すいえい》なんです。

だからこれからも私《わたし》は泳《およ》ぎつづけます。

じゃあ、練習《れんしゅう》行《い》ってきます！

一ノ瀬《いちのせ》メイ

おわりに

もし私《わたし》が、メイさんと同《おな》じような右腕《みぎうで》をもって生《う》まれていたら？

今《いま》よりもさらに、障害《しょうがい》に対《たい》する理解《りかい》がおくれていた昭和《しょうわ》の時代《じだい》のこと、両親《りょうしん》は私《わたし》の右腕《みぎうで》を、一年中長《いちねんじゅうなが》そででおおいかくしたことでしょう。私《わたし》は、人《ひと》にさとられないようにとむだに神経《しんけい》をすりへらし、やってみたいことがあっても、どうせできないと思《おも》いこみ、自分《じぶん》の未来《みらい》を暗《くら》いものにしていたかもしれません。

それを思《おも》うと、メイさんのご両親《りょうしん》の「障害《しょうがい》をかくさない」方針《ほうしん》のすばらしさが、よくわかります。右腕《みぎうで》をかくさないで育《そだ》てられたからこそ、メイさんは「これが私《わたし》の個性《こせい》なんや」と明《あか》るく考《かんが》え、好奇心《こうきしん》に目《め》をキラキラさせ「メイにもできる！」とバレエ、リコーダー、習字《しゅうじ》など、いろいろなことにチャレンジしました。その中《なか》から、もっとも好《す》きな水泳《すいえい》を選《えら》びとっていきました。

それでも、「障害者《しょうがいしゃ》」あつかいしたがる日本の社会《しゃかい》に、ショックを受《う》けます。社会《しゃかい》が「障害者《しょうがいしゃ》」をつくりだし、「健常者《けんじょうしゃ》」との垣根《かきね》を設《もう》けたがっているのではないか。社会《しゃかい》の側《がわ》にある「障害物《しょうがいぶつ》」を取《と》りのぞこうともしないで……。メイさんは水泳《すいえい》を通《つう》じ、このことをわかってもらいたいと願《ねが》うようになりました。

日本の社会《しゃかい》が、彼女《かのじょ》のメッセージを受《う》けとめ、一歩《ぽ》でも二歩《ほ》でも変《か》わっていくことを、メイさんとともに心《こころ》から願《ねが》っています。実現《じつげん》すれば、障害《しょうがい》のあるなしに関《かか》わらず、女性《じょせい》も男性《だんせい》も高齢者《こうれいしゃ》も若者《わかもの》も、すべての人《ひと》が自分《じぶん》の能力《のうりょく》を発揮《はっき》でき、生《い》き生《い》きとくらせる社会《しゃかい》となるでしょう。

メイさんは今《いま》、青春真《せいしゅんま》っただ中《なか》。うれしかったこともつらかったことを、おそらく人一倍多《ひといちばいおお》く味《あじ》わった、密度《みつど》の濃《こ》い時間《じかん》を過《す》ごしてきたことでしょう。

私《わたし》がそうメイさんに告《つ》げると、彼女《かのじょ》はお茶目《ちゃめ》に笑《わら》い、さらりといいました。

「ハイ、腕《うで》が短《みじか》かったおかげで。」

二〇一六年《ねん》八月《がつ》　　金治直美《かなじなおみ》

金治直美
埼玉県生まれ。日本児童文芸家協会会員。
主な作品に、『さらば、猫の手』（岩崎書店・第30回児童文芸新人賞受賞）、『マタギに育てられたクマ』（佼成出版社・第55回青少年読書感想文全国コンクール課題図書）、『ミクロ家出の夜に』（国土社）、『子リスのカリンとキッコ』（佼成出版社）、『知里幸恵物語　アイヌの「物語」を命がけで伝えた人』（PHP研究所）など。読書会や絵本の読み語りボランティアの活動も行っている。

一ノ瀬メイ
1997年、京都府生まれ。先天性の右前腕欠損症で生まれる。１歳半から障害者スポーツセンターで水泳を始め、９歳から本格的に競泳に取りくむ。13歳のとき、史上最年少でアジアパラ競技大会に出場し、50m自由形（S9）で銀メダルを獲得後、数々の記録を更新する。2015年、京都市立紫野高等学校卒業後、近畿大学経営学部経営学科入学。2016年リオデジャネイロパラリンピック日本代表。

スポーツノンフィクション
私《わたし》が今日《きょう》も、泳《およ》ぐ理由《りゆう》　パラスイマー 一ノ瀬《いちのせ》メイ

2016年９月13日　第１刷発行

文／金治直美（かなじ なおみ）
装幀・デザイン／城所 潤（Jun Kidokoro Design）
写真／大野真人
協力／近畿大学、一ノ瀬トシ美、アンドリュー・グレアム・トッド
　　　京都市立紫野高等学校、中村ブレイス株式会社

発行人／川田夏子
編集人／小方桂子
企画編集／松山明代
編集協力／入澤宣幸　上埜真紀子　内田直子　勝家順子
ＤＴＰ／アド・クレール
発行所／株式会社学研プラス
　　　〒141-8415　東京都品川区西五反田2-11-8
印刷所／株式会社廣済堂

この本に関する各種お問い合わせ先
【電話の場合】
・編集内容については　Tel 03-6431-1615（編集部直通）
・在庫、不良品（落丁、乱丁）については　Tel 03-6431-1197（販売部直通）
【文書の場合】
〒141-8418 東京都品川区西五反田 2-11-8　学研お客様センター『私が今日も、泳ぐ理由』係
・この本以外の学研商品に関するお問い合わせは　Tel 03-6431-1002（学研お客様センター）
【お客様の個人情報取り扱いについて】
アンケートはがきにご記入いただいてお預かりした個人情報に関するお問い合わせは、株式会社学研プラス幼児・児童事業部（Tel 03-6431-1615）までお願いいたします。
当社の個人情報保護については、当社ホームページ http://gakken-plus.co.jp/privacypolicy/ をご覧ください。